Sabine Pauli / Andrea Kisch

Geschickte Hände

Feinmotorische Übungen für Kinder in spielerischer Form

verlag modernes lernen - Dortmund

Dank an alle Kolleginnen, die uns bei der Zusammenstellung der Spielideen geholfen haben, an Aibe für seine Unterstützung am Computer und den Fotokindern für ihr freudiges Mitmachen.

Herstellung: Löer Druck GmbH, 4600 Dortmund 1

Fotos: Ernst Fesseler; Abbildungen auf den Seiten 13-19, 22, 24, 26 und 36 aus *Pauli/Kisch:* Was ist los mit meinem Kind? Ravensburger Buchverlag Otto Maier.

Bestell-Nr. 1020 ISBN 3-8080-0310-3

Inhalt

Vorwort 7

1. Bewegen – Wahrnehmen – Handeln – Lernen 8

2. Entwicklung der Handgeschicklichkeit von 0-7 Jahren 11

3. Teilaspekte und Störungen der Handgeschicklichkeit 19

3.1 Dimensionen der Handgeschicklichkeit und deren Störungen 20

3.2 Teilaspekte der Handgeschicklichkeit und deren Störungen 21

3.3 Beobachtungssituationen und standardisierte Tests 30

4. Übungen zur Handgeschicklichkeit 35

4.1 Hand- und Fingerkraft/ Kraftdosierung 37

4.2 Schulter- und Ellenbogengelenksbeweglichkeit 50

4.3 Handgelenksbeweglichkeit 53

4.4 Fingerbeweglichkeit 60

4.5 Zielgenauigkeit 73

4.6 Koordination beider Hände 83

4.7 Tasten und Fühlen 93

5. Grundlagen der Graphomotorik 101

5.1 Die Grundelemente der Schrift 101

5.2 Grundmuster als Schwungübung 107

5.3 Fortlaufende Muster 108

5.4 Hinweise zum linkshändigen Schreiben 109

6. Graphomotorische Spielideen 111

7. Bezugsquellen 115

8. Literaturliste 116

9. Adressen von Verbänden und Beratungsstellen 119

Vorwort

Dieses Buch wendet sich an Kolleg/Innen aus der Ergotherapie und angrenzenden Berufen, die mit Kindern im späten Kindergarten- und im frühen Grundschulalter mit feinmotorischen Störungen arbeiten. Überwiegend sind dies Kinder mit minimalen Hirnfunktionsstörungen (z.B. MCD oder POS).

Viele dieser Kinder, die bewegungsauffällig und wahrnehmungsgestört sind, haben feinmotorische Schwierigkeiten. Dadurch, daß sie viele Mißerfolge einstecken müssen, zeigen sie eine starke Vermeidungshaltung gegenüber allen feinmotorischen Verrichtungen und es ist eine Kunst, sie dazu zu motivieren.

Dies Buch möchte Kolleg/Innen darin unterstützen, diese Kinder in der oft notwendigen Langzeit-Therapie durch fantasievolle Übungsangebote zu motivieren.

1. Bewegen – Wahrnehmen – Handeln – Lernen

In der kindlichen Entwicklung beeinflussen sich die Grobmotorik, die Feinmotorik und die Sinneswahrnehmung gegenseitig.

Ist die Grobmotorik eines Kindes gestört, kann es keine ausreichenden oder exakten Sinneswahrnehmungen machen.

Das gleiche gilt, wenn eines oder mehrere Sinnessysteme gestört sind: das Kind kann keine ausreichenden oder exakten motorischen Erfahrungen machen. Dies führt dazu, daß seine Handlungsfähigkeit eingeschränkt ist.

Bei der Entwicklung der Handgeschicklichkeit sind exakte visuelle, taktile und kinästhetische Informationen nötig: Wenn ein Kind z.B. über das taktile System nur ungenau spürt, kann es seine Kraft nicht exakt dosieren. Wenn es über das kinästhetische System die Lage und Haltung seiner Finger nur diffus wahrnimmt, kann es diese nicht differenziert bewegen.

Vielfältige Handlungserfahrungen sind wiederum eine Grundvoraussetzung zur Entwicklung der Intelligenz. Die Intelligenz entwickelt sich vorwiegend durch die eigenen Erkenntnisse, die ein Kind aus aktivem Tun und Handeln erwirbt:

Nur, wenn das Kind in der Lage ist, mit allen Sinnessystemen und mit seinem ganzen Körper vielfältige Erfahrungen zu machen und aktiv zu handeln, kann es seine Umwelt im Sinne von „Anfassen“ be-greifen.

Wahrnehmungsgestörte und bewegungsauffällige Kinder haben somit oft Entwicklungsrückstände und Lernstörungen.

Bei der Entwicklung der Handgeschicklichkeit wird besonders deutlich, daß Auffälligkeiten im Bereich der Grobmotorik in einem direkten Zusammenhang mit der Entwicklung der Feinmotorik stehen. Ein Kind, das motorisch unruhig und nicht in der Lage ist, seine Körperbewegungen fein zu dosieren, wird auch Schwierigkeiten haben, ruhig auf einem Stuhl zu sitzen. Damit hat es keine guten Voraussetzungen, um exakte feinmotorische Verrichtungen auszuführen. Um sich die Schwierigkeiten eines solchen Kindes besser vorstellen zu können, empfiehlt sich ein Selbstversuch:

Schreiben Sie einen beliebigen Text und rutschen Sie dabei mit den Füßen auf dem Boden und/oder mit dem Po auf dem Stuhl hin und her.

Einige Beispiele, die die Wechselwirkung von Grob- und Feinmotorik weiter verdeutlichen:

1. Ein hypotones Kind, das sehr kraftlos ist, macht kaum Erfahrungen mit schnellen, kräftigen und ausdauernden Bewegungen und Handlungen.

   Auch im Bereich der Handgeschicklichkeit ist es kraftlos. Beim Schreiben neigt es dazu, sich im Schulter-Armbereich zu verkrampfen, um dadurch kompensatorisch mehr Tonus aufzubauen.

2. Ein hyperaktives Kind mit einem zu großen Kraftimpuls kann seine Körperbewegungen nicht fein dosieren und nicht rechtzeitig abbremsen. Beim Ausmalen bleibt es nicht innerhalb der Begrenzung. Sein Schreibansatz ist überschießend, der Schreibdruck ist zu groß und es schreibt über die Linie hinaus. Bei vorausgegangenen grobmotorischen Übungen fiel auf, das dieses Kind nicht exakt auf einer Linie gehen konnte, ohne danebenzutreten.

3. Ein Kind, das als Kleinkind zu kurz, unkoordiniert oder gar nicht gekrabbelt ist und dadurch keine gute Kreuzkoordination entwickeln konnte, hat später vielfach Schwierigkeiten, Überkreuzungen und Schrägen zu malen, die in vielen Buchstaben vorkommen.

Bei der Diagnostik aller Kinder mit feinmotorischen Schwierigkeiten ist es deshalb unbedingt erforderlich, daß die gesamte Grobmotorik, die Feinmotorik und die Wahrnehmung getestet wird. Nur dann ist es möglich, die Kinder entsprechend umfassend zu behandeln.

Bevor spezielle feinmotorische Übungen durchgeführt werden, müssen die Grundlagen einer umfangreichen Bewegungserfahrung in einer psychomotorischen Übungsbehandlung, einer Sensorischen Integrationstherapie oder einer anderen geeigneten Therapie erarbeitet werden.

Bei Kindern, die erst kurz vor der Einschulung einer Behandlung zugeführt werden, empfiehlt es sich, im grob- und feinmotorischen Bereich parallel therapeutisch zu arbeiten.

Wird nicht an der Grundstörung des Kindes (z.B. einer Tonus- oder Auge-Hand-Koordinations-Störung) gearbeitet, kann eine isolierte Behandlung der Feinmotorik nicht erfolgreich sein. Das Kind fällt immer wieder in die Löcher hinein, die in seinem Entwicklungsfundament bestehen.

Damit ein Kind lernen kann und es motiviert ist, in der Auseinandersetzung mit seiner Umwelt seine Geschicklichkeit zu entwickeln, ist seine Motivation zum eigenen Handeln eine wichtige Voraussetzung.

Eine anregende Umgebung, in der das Kind sich möglichst frei von psychischen Problemen entfalten kann, ist wiederum die Grundlage dazu, daß ein Kind diese Motivation entwickelt.

Für die Entwicklung der Handgeschicklichkeit ist eine gute Auge-Hand-Koordination eine der wichtigsten Voraussetzungen. Sie muß bei Therapiebeginn überprüft werden.

In diesem Buch wird auf die Untersuchung und Behandlung der Augen-Hand-Koordination nicht detailiert eingegangen. Grobe Auffälligkeiten in diesem Bereich müssen grundlegend über eine psychomotorische Übungsbehandlung, eine Sensorische Integrationstherapie oder eine andere geeignete Therapie behandelt werden. Hierzu gibt es spezielle Fachliteratur, die teilweise im Literaturverzeichnis aufgeführt ist.

Vor Beginn der Therapie sollten Kinder mit feinmotorischen Störungen einem Augenarzt vorgestellt werden, der Erfahrung mit Kindern hat.

Einige dieser Kinder haben Sehfehler, die z.B. durch eine „Sehschule“ oder durch eine Sehhilfe korrigiert werden müssen.

2. Entwicklung der Handgeschicklichkeit von 0-7 Jahren

Die Entwicklung der Handgeschicklichkeit kann individuell variieren und ist zudem vom Umfeld und von der Förderung des einzelnen Kindes abhängig. Individuell kann es zu Abweichungen von 1-2 Monaten kommen, die nicht als Störung aufzufassen sind. Voraussetzung für die Entwicklung der altersgemäßen Handgeschicklichkeit ist, daß die motorische, die Wahrnehmungs- und die kognitive Entwicklung eines Kindes unauffällig verläuft.

Bei der folgenden Darstellung wurden sämtliche Komponenten, welche die Wahrnehmung und die kognitive Entwicklung betreffen, nur am Rande berücksichtigt.

1. Monat bestehender Greifreflex / überwiegend Faustschluß / unkoordiniertes Öffnen der Hände / Hände kommen eher zufällig zum Mund, Baby saugt daran

2. Monat Hände locker gefaustet / Baby steckt ganze Hand in den Mund / Hand öffnet sich bei Berührung / Baby hält Rassel, die ihm gegeben wird, kann nicht willkürlich loslassen

3. Monat Hände sind überwiegend geöffnet / Daumen oder einzelne Finger werden in den Mund gegeben, nicht mehr nur die ganze Hand / Hände öffnen sich bei Berührung / Baby ergreift noch unkoordiniert Spielzeug, das man ihm hinhält. Es bewegt dieses und läßt es unbeabsichtigt wieder los / Hände zupfen an Bettdecke oder Kleidung und Gegenständen, wenn sie zufällig damit in Berührung kommen (taktiles Greifen) / beginnendes Fingerspiel

4. Monat Baby steckt Gegenstände in den Mund / Greifen von Spielzeug mit visueller Führung (be-greifen durch betasten beginnt) / Hände kommen ins Blickfeld / erstes Zusammenführen der Hände in der Körpermittellinie – erst unbeabsichtigt, dann gewollt / zunehmendes Spiel mit den Händen (Hand-Hand-Koordination) / Baby erzeugt Geräusch mit Rassel / setzt der Wegnahme von Spielzeug Widerstand entgegen

5. Monat Zunehmendes aktives und gezieltes Ergreifen von Gegenständen (die Handfläche wird auf den Gegenstand gelegt-Daumen und Finger umschließen ihn dann= Affengriff) / zweite Hand wird zum Gegenstand geführt / Baby betastet Gegenstände beidhändig / versucht auch, unerreichbare Gegenstände zu ergreifen (kann Abstände noch nicht einschätzen) / kann Keks selbständig essen

6. Monat Baby gibt Spielzeug von einer Hand in die andere über die Körpermittellinie / ergreift eine Hand einen Gegenstand, läßt die andere Hand Gegenstand fallen / greift gezielt auch kleinere Gegenstände mit gestrecktem Daumen, Zeige- und Mittelfinger (beginnender Flachzangengriff) / widersetzt sich massiv der Wegnahme von Spielzeug / unterscheidet Tasteindrücke nach angenehm und unangenehm

7. Monat Baby kann gleichzeitig mit beiden Händen 2 Gegenstände ergreifen und auch festhalten / dreht und wendet Gegenstände in den Händen / ergreift Gegenstände wieder, wenn sie ihm entfallen sind / Baby klopft mit Gegenstand auf die Unterlage und macht mit kraftvollen Bewegungen Krach / klopft Spielsachen aneinander und schaut beide an (lernt dadurch, diese als 2 Dinge zu identifizieren)

8. Monat Baby hantiert mit 2 Gegenständen gleichzeitig / kann zwei Gegenstände nacheinander mit einer Hand ergreifen / wirft wiederholt Sachen hinunter (absichtliches Loslassen) / klatscht in die Hände und macht winke-winke-Spiele nach / zerreißt Papier / ergreift kleine Gegenstände im Flachzangengriff

9. Monat Baby kann die Hände einzeln und zusammen bewegen / ahmt Handspiele wie backe-backe-Kuchen nach / holt Gegenstand aus einem Becher / blättert in einem Pappbilderbuch und zeigt mit dem Zeigefinger auf abgebildete Gegenstände / ergreift Krümel und Rosinen mit gestrecktem Daumen und Zeigefinger im Spitz- oder Pinzettgriff (siehe Foto auf S. 13)

10. Monat Kind ißt mit den Händen, trinkt mit beiden Händen aus Kindertasse / zieht Schubladen auf und räumt Inhalt

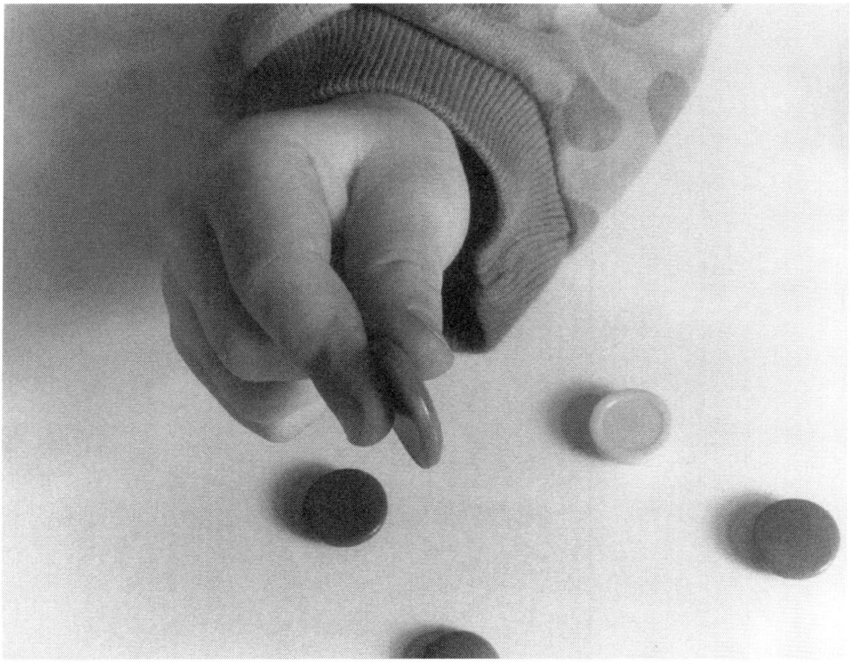

Spitz- oder Pinzettgriff

von Schubladen und Schränken aus / wirft Gegenstände mit Schwung weg / untersucht Dinge auf ihre Funktion / dreht an allem Beweglichen / führt die Hand der Eltern, wenn es etwas nicht kann / holt Gegenstände aus Behälter und legt sie wieder zurück / zieht Strümpfe und Hose aus / ergreift kleine Gegenstände mit gekrümmtem Daumen und Zeigefinger im Kneifzangen- oder Zangengriff (siehe Foto auf S. 14) / bohrt und piekst mit dem Zeigefinger in Löchern u.Ä.

11. Monat Kind probiert mit dem Löffel zu essen, dies gelingt aber noch kaum / zieht geöffnete Schuhe aus

12. Monat Kind versucht, sich selber beim Baden mit dem Waschlappen zu waschen / trinkt allein aus einer Tasse / baut Turm aus 2-3 Klötzen / spielt mit auseinandernehmbarem Spielzeug wie Duplo-Steinen, Stapelturm, Babuschkas / probiert alle Funktionen der Gegenstän-

Kneifzangen- oder Zangengriff

de aus / kann selbst kleinste Krümel und Fäden ergreifen und sie durch enge Öffnungen, z.B. in einen Flaschenhals stecken

12.–15. Monat Beginnender Werkzeuggebrauch: Kind beginnt mit dem Löffel zu essen, kleckert aber noch viel / legt das Essen teilweise mit den Fingern auf den Löffel / hält den Löffel in Pronation / holt Gegenstand mit einem Stock heran / zeigt mit gestrecktem Zeigefinger auf bekannte Dinge, z.B. Körperteile / kritzelt spontan

15.–18. Monat Kind probiert und hantiert viel / kann mit dem Zeigefinger differenzierte Bewegungen ausführen wie Kratzen oder bohren / kann einfache Dinge mit dem Löffel essen / dreht an allem Drehbaren herum / spielt mit der Formenbox / baut Turm aus 4 Klötzen / blättert Buchseiten einzeln um / kann gelochte Scheibe auf Steckpyramide stecken / packt Eingewickeltes aus

$1^1/_2$ – 2 Jahre Bevorzugung einer Hand ist zu erkennen / Kind schraubt eine Dose auf / zweihändige Verrichtungen wie Auffädeln großer Perlen / baut einen Turm aus 4-8 Klötzen / Steckspiele und einfache Holzpuzzles / kritzelt dynamische Kritzelformen, hält Stift dabei im Pfötchengriff oder in der Faust / haut mit Wucht auf das Papier, dadurch entstehen Punkte und Löcher

dynamische Kritzelformen

2 – $2^1/_2$ Jahre Bevorzugung einer Hand wird immer deutlicher, haltende und führende Hand erkennbar (Kind darf bei erkennbarer Linkshändigkeit auf keinen Fall umerzogen werden) / Kind ißt selbständig, aber langsam / baut Zufallsprodukte aus Duplo-Steinen und Ähnlichem / Umfüllspiele mit Sand und Wasser etc. / malt Spiralen (siehe Zeichnung auf S. 16)

$2^1/_2$ – 3 Jahre Kind kann Deckel einer Flasche und Wasserhahn auf- und zudrehen / kann eine volle Tasse tragen, ohne zu verschütten / fängt einen großen, weichen Ball mit den ganzen Armen / malt geschlossene Kreise und Linien (Zeichnung auf S. 16), hält den Stift zwischen den Fingern / baut 3-dimensionale Werke aus Duplo-Steinen und Ähnlichem / bildet Reihen aus Autos und anderen Spielsachen / kann Spielzeug mit Uhrwerk aufziehen

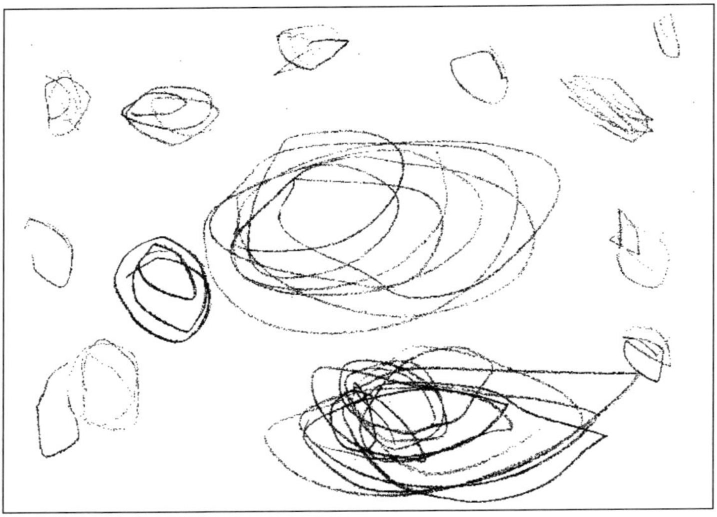

Spiralen

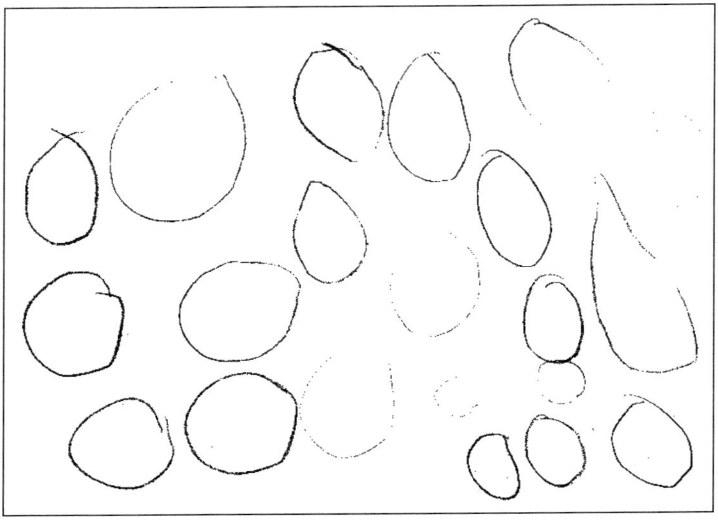

Geschlossene Kreise und Linien

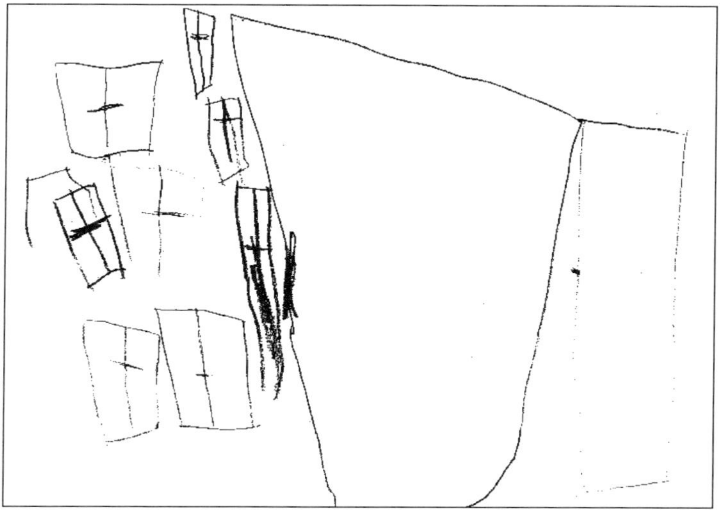

Kreuze

$3 - 3^1/_2$ Jahre Kind öffnet große Knöpfe und Reißverschlüsse / schneidet mit einer Schere Schnipsel / möchte mit Papier und Kleber basteln / malt Kreuze

$3^1/_2 - 4$ Jahre Kind kann auf- und zuknöpfen / knetet einfache Dinge / benutzt Werkzeuge / schneidet großräumig aus / malt aus der Kombination von Kreis und Strichen die sogenannten Kopf- oder Gliederfüßler aus 3 Teilen

$4 - 4^1/_2$ Jahre Kind fängt Ball mit den Händen / fädelt kleine Perlen auf / bleibt beim Ausmalen in etwa in der Begrenzung / malt Schrägen, z.B. von Dächern

$4^1/_2 - 5$ Jahre Kind kann geschickt mit Messer und Gabel umgehen / schneidet an einer Linie entlang / führt gern einfache Werkarbeiten aus wie Flechten, Sticken auf Pappkarten, Hämmern und Sägen / malt gegenständlich / kann Gegenstände wie Haus oder Schiff richtig abzeichnen / malt Männchen aus mindestens 6 Teilen

$5 - 5^1/_2$ Jahre Kind hat richtige Stifthaltung (siehe Foto auf S. 18), kann seinen Namen in Druckbuchstaben abschreiben / malt detailiert mit kleinen Formen und exakt ausgeführten Mustern

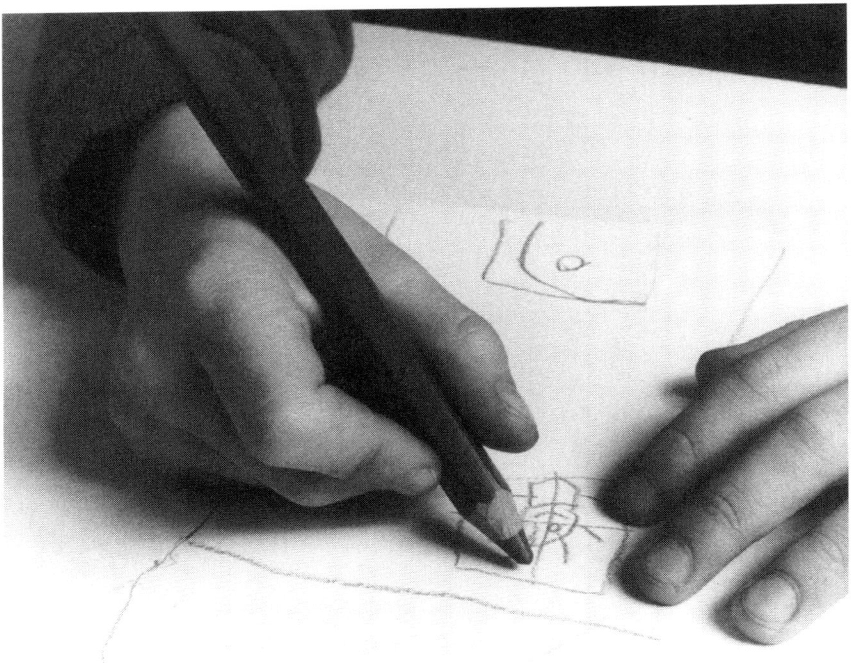

Richtige Stifthaltung

5½ – 6 Jahre Kind bindet seine Schuhe selber / kann einen Ball mit beiden Händen sicher fangen und gezielt werfen / malt kleine, fortlaufende Muster wie Schlaufen und Wellen, versucht, 3-dimensional zu malen

6 – 6½ Jahre Kind kann einen Ball geschickt aus verschiedenen Richtungen auffangen / lernt Schreiben – am leichtesten die Druckschrift

3. Teilaspekte und Störungen der Handgeschicklichkeit

Die Handgeschicklichkeit setzt sich aus den kompliziertesten und differenzierten Bewegungensabläufen zusammen, zu denen der Mensch fähig ist.

Sie besteht aus einer Reihe unterschiedlicher Teilaspekte.

Um eine Störung der Handgeschicklichkeit diagnostizieren zu können, muß die beobachtende Person in der Lage sein, die einzelnen Teilaspekte der Handgeschicklichkeit gezielt zu beobachten und zu beurteilen.

Dazu werden im Folgenden die Teilaspekte in einer Tabelle dargestellt und anschließend durch genauere Beschreibung anschaulich gemacht. In der Realität kommen bei einem Kind oft mehrere auffällige Teilaspekte zusammen.

Die Störung eines Teilaspekts der Handgeschicklichkeit kann aus verschiedenen Gründen auftreten und ein ähnliches Erscheinungsbild haben, z.B.:

Ein steifes Handgelenk bei einem hypotonen Kind wird kompensatorisch versteift, um mehr Tonus aufzubauen.

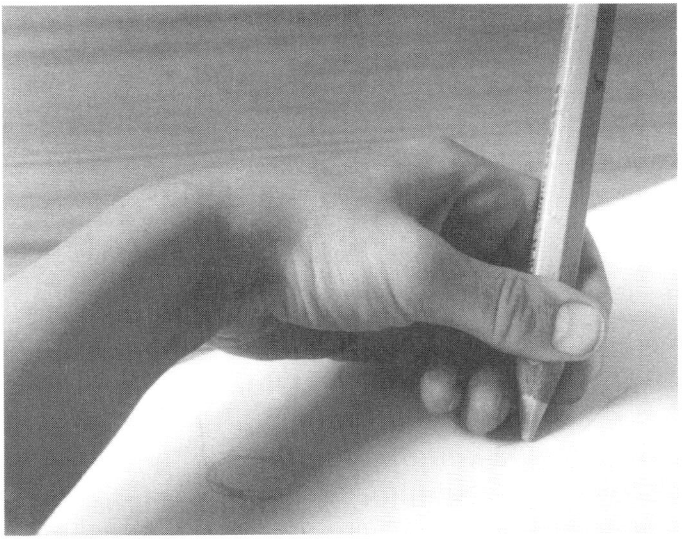

Steifes Handgelenk

Bei einem hypertonen Kind versteift sich das Handgelenk, weil die Grundspannung zu hoch ist. Sie kann in der Bewegung nicht dosiert reguliert werden.

Um eine Störung der Handgeschicklichkeit herauszufinden, muß das Kind in mehreren Spielsituationen beobachtet werden, die verschiedene handgeschickliche Komponenten beinhalten. Eine Aufstellung möglicher Spielsituationen finden Sie in Kapitel 3.3.

Bisher veröffentlichte standardisierte Tests, welche die Feinmotorik berücksichtigen, geben unserer Meinung nach zu wenig Aufschluß über die verschiedenen Teilaspekte der Handgeschicklichkeit und sollten lediglich als Ergänzung zu den gezielten Beobachtungen hinzugenommen werden.

3.1 Dimensionen der Handgeschicklichkeit und deren Störungen

Dimensionen der Handgeschicklichkeit	**Störungen**
1. Hand- und Fingerkraft, Kraftdosierung	Schlaffheit, Kraftlosigkeit, mangelnde Kraftdosierung, zu kleiner / zu großer Kraftimpuls, kinästetische Störungen
2. Schulter- und Ellbogen-Gelenksbeweglichkeit	Schlaffheit, Steifheit, Verkrampfung, kinästhetische Störungen
3. Handgelenksbeweglichkeit	Schlaffheit, Steifheit, Dysdiadochokinese, kinästhetische Störungen
4. Fingergelenksbeweglichkeit	Schlaffheit, Steifheit, Verkrampfung, mangelnde isolierte Bewegungen, mangelnde Koordination, kinästetische Störungen
5. Zielgenauigkeit	Augenmotorische Störungen, Augen-Hand-Koordinationsstörungen, Hand-Fingergeschicklichkeitsstörungen, mangelnde Kraftdosierung, steuern und bremsen gestört, zittern, zucken, kinästhetische Störungen, ataktische Störungen

Dimensionen der Handgeschicklichkeit	Störungen
6. Hand-Hand-Koordination	Dominanzprobleme, keine Kreuzung der Körpermittellinie, mangelnde Raum-Körpervorstellung z.B. von rechts-links, Mitbewegungen der Haltehand durch assoziierte Reaktionen
7. Dominanz	Verzögerte Dominanzentwicklung, mangelnde Zusammenarbeit der Hirnhälften
8. Taktile und kinästhetische Wahrnehmung	Hypo-/Hypersensibilität, ungenaue Tast- und Bewegungsempfindung

3.2 Teilaspekte der Handgeschicklichkeit und deren Störungen

Bei allen Teilaspekten muß berücksichtigt werden, daß es sich meist um Mischbilder handelt. Die augenscheinliche Bewegungsstörung wird oft von taktil-kinästhetischen Integrationsstörungen beeiflußt und muß bei der Diagnostik und Therapie berücksichtigt werden.

Hand- und Fingerkraft

Kinder mit mangelnder Hand- und Fingerkraft sind meist insgesamt hypoton und fallen durch ganzkörperliche Schlaffheit und Kraftlosigkeit auf. Somit ist die Handmuskulatur wenig ausgebildet. Die Gelenke treten wenig hervor und sind teilweise überbeweglich.

Diese Kinder haben Schwierigkeiten bei allen kraftvollen feinmotorischen Verrichtungen. Sie halten den Stift, indem sie den Mittel- oder auch noch den Ringfinger als Stütze mit einsetzen. Diese Haltung verhindert flüssige und dynamische Schreibbewegungen aus den Fingern heraus. Oft heben hypotone Kinder das Handgelenk von der Unterlage ab. Ihre Hände ermüden rasch und sie können deshalb nicht ausdauernd malen oder schreiben. (siehe Fotos auf S. 22)

Mittel- oder auch noch den Ringfinger als Stütze

Die Therapie bei diesen Kindern muß darauf abzielen, einen ganzkörperlichen Tonus- und Kraftaufbau und eine Dynamisierung der Bewegungen zu erreichen.

Ein zu großer Kraftimpuls ist oft ein Ausdruck dafür, daß Kinder hyperton sind. Sie drücken stark auf Stift und Papier, bewegen sich aber im Gegensatz zu den hypotonen Kindern eher zu langsam. Ihre Mal- und Schreibbewegungen sind nicht fließend und dynamisch. Sie haften beim Malen auf der Stelle, bewegen ihre Finger- und Handgelenke kaum und können deshalb nicht exakt malen oder schreiben. Sie heben ebenfalls das Handgelenk beim Schreiben von der Unterlage ab, da sich die Flexion im Handgelenk bei Anstrengung verstärkt.

In der Therapie mit hypertonen Kindern muß lockernd und dynamisierend gearbeitet werden.

Viele hyperaktive Kinder, die zusätzlich taktil-kinästhetisch unterempfindlich sind, können ihre Kraft nicht richtig dosieren.

Sie stoppen beim Malen und Schreiben ihre Bewegungen nicht rechtzeitig ab, drücken zu stark auf und alle feinen, behutsamen oder langsamen Bewegungen sind ihnen kaum möglich. In der Therapie müssen zuerst die Grundlagen im ganzkörperlichen und taktil-kinästhetischen Bereich geschaffen werden, bevor spezielle feinmotorische Übungen sinnvoll sind.

Manche Kinder können ihre Kraft nicht fein dosieren, weil sie psychisch belastet und dadurch stark angespannt und verkrampft sind. Ihnen fehlt die Gelassenheit und Gelöstheit, die die psychische Grundlage für fließende, weiche Bewegungen bildet. (siehe Foto auf S. 24)

Schulter- und Ellbogengelenksbeweglichkeit

Hypotone Kinder sind in ihrem Bewegungsausmaß nicht eingeschränkt. Allerdings haben sie zu wenig Tonus, um dynamische und kraftvolle Bewegungen auszuführen. Dies führt dazu, daß sie sich verkrampfen, um kompensatorisch genügend Tonus aufzubauen. Rasche Ermüdung und Schmerzen beim Malen und Schreiben sind die Folge.

Bei hypertonen Kindern ist häufig die Beweglichkeit von Schulter und Ellbogen eingeschränkt. Bei Mal- und Schreibbewegungen ziehen diese Kinder oft die Schulter nach vorne und oben und der Ellbogen wird in Beugestellung fixiert. Große, schwungvolle und rhythmische

stark angespannt und verkrampft

Bewegungen gelingen ihnen kaum. Beim Malen haften sie auf der Stelle und verkrampfen sich zunehmend.

Viele Kinder haben durch kinästhetische Störungen nur unklare Vorstellungen von der Stellung ihrer Gelenke und Körperteile. Daraus resultiert ihre unzureichende Bewegungsplanung des ganzen Körpers, der Hände und Finger.

Handgelenksbeweglichkeit

Die Handgelenksbeweglichkeit ist bei hypotonen Kindern nicht primär eingeschränkt. Ihre Gelenke sind eher überbeweglich. Um bei kraftvollen, ausdauerneden Bewegungen genügend Spannung aufzubauen, fixieren sie ihre Gelenke kompensatorisch. Sie halten das Handgelenk in leichter Flexionsstellung. Fließende, kräftige Mal- und Schreibbewegungen sind diesen Kindern dadurch kaum möglich. Teilweise malen sie sehr klein und schwach oder sie führen die Bewegung mit Ellbogen und Schultern aus. Dadurch werden die gemalten Formen ungenau, groß und eckig.

Therapeutisch muß zunächst am Tonus- und Kraftaufbau dieser Kinder gearbeitet werden, bevor isolierte Bewegungsübungen des Handgelenkes sinnvoll sind.

Hypertone Kinder haben eine eingeschränkte Beweglichkeit der Handgelenke: Die Extension, Flexion und die Diadochokinese gelingen nicht vollständig. Beim Schreiben wird das Handgelenk von der Unterlage abgehoben. Die Bewegungen sind oft verlangsamt, eckig und nicht fließend. Schraub- und Drehbewegungen können kaum ausgeführt werden.

Lockernde und dynamisierende Übungen bilden die Grundlage zu weiteren Funktionsübungen des Handgelenks.

Hypo- und hypertone Kinder mit eingeschränkter Handgelenksbeweglichkeit ermüden rasch und geben häufig alle feinmotorischen Verrichtungen aus Enttäuschung über ihre mäßig gelungenen Werke schnell auf.

Fingergelenksbeweglichkeit

Auch hier versteifen hypotone Kinder ihre Gelenke kompensatorisch, um Tonus aufzubauen.

Hypertone Kinder können bei Bewegungen, die ihnen schwerfallen, nicht lockerlassen und verkrampfen sich zunehmend.

Hypo- wie hypertone Kinder haben bei diesem Aspekt der Handgeschicklichkeit ähnliche Schwierigkeiten:

Die feinmotorische Geschicklichkeit ist stark herabgesetzt. Isolierte Fingerbewegungen, wie z.B. bei Fingerspielen und komplexe feinmotorische Koordinationsleistungen wie das Halten eines Stifts, Schneiden, Falten und Malen sind diesen Kindern nur schwer möglich. Das Zusammenspiel der Finger ist unzureichend.

Viele Kinder haben durch kinästhetische Störungen keine klare Vorstellung von der Stellung ihrer Gelenke und der Plazierung ihrer einzelnen Finger.

Diese Kinder haben oft eine auffallende Stifthaltung. Sie greifen den Stift mit allen Fingern oder mit der Faust. (siehe Foto auf S. 26)

Griff mit der Faust.

Die Feingriffe wie Pinzett- und Zangengriff können von ihnen nicht gut dosiert ausgeführt werden. Sie sind bei allen feinmotorischen Verrichtungen verlangsamt und ungeschickt und müssen alle Bewegungabläufe stark visuell kontrollieren.

Zielgenauigkeit

Es gibt mehrere Faktoren, die die Zielgenauigkeit beeinflussen können.

Viele Kinder können nicht richtig zielen, weil ihre Augen-Hand-Koordination gestört ist oder augenmotorische Probleme vorhanden sind, die nicht mit einer Sehhilfe zu korrigieren sind.

Beim Schreiben können diese Kinder kaum in der Zeile bleiben und auch beim Lesen rutschen sie mit den Augen leicht aus der Zeile heraus. Abschreiben von der Tafel bereitet ihnen große Mühe, da sie die Stelle, an der sie gerade sind, immer wieder aus den Augen verlieren.

Ebenso ist eine schlecht entwickelte Finger- und Handgeschicklichkeit eine Ursache für Störungen der Zielgenauigkeit.

Kinder, die Schwierigkeiten mit der Kraftdosierung haben, schießen bei feinen Bewegungen über das Ziel hinaus oder bremsen zu früh ab.

Ebenso können unruhige, z.B. hyperaktive Kinder, ihre feinen Bewegungen nicht genügend steuern und abbremsen und geraten deshalb beim Schreiben über die Linien hinaus.

Andere Kinder zucken und zittern oder haben einen Intensionstremor. Dies sind neurologisch abzuklärende Auffälligkeiten, die therapeutisch oft wenig zu beeinflussen sind.

Kinder mit Störungen der Zielgenauigkeit basteln und malen nicht gerne, da ihre Werke und Bilder nicht so werden, wie sie es sich vorstellen.

Hand-Hand-Koordination

Manche Kinder benützen ihre Hände nicht gleichzeitig. Z.B. halten sie das Blatt, auf dem sie malen, nicht fest, können nur ungeschickt mit Messer und Gabel umgehen oder sind bei vielen Verrichtungen, die den Einsatz beider Hände erfordern, wie Schuhebinden oder Bleistiftspitzen, besonders auffällig. Diese Kinder haben keine eindeutige Ausprägung von Arbeits- und Haltehand. Teilweise zeigt die Haltehand bei Aktivitäten der Arbeitshand assoziierte Mitbewegungen.

Dies ist meist ein Hinweis darauf, daß die Zusammenarbeit beider Hirnhälften und somit beider Körperseiten nicht gut koordiniert oder daß die Dominanzentwicklung der Kinder gestört ist.

Die Therapie zielt zunächst darauf ab, die Gesamtkörperkoordination und die Dominanzentwicklung zu fördern, bevor feinmotorische Übungen sinnvoll sind.

Dominanz

Die unterschiedliche Leistungsfähigkeit der Hände ist bei der Geburt durch die differenzierte Lernkapazität der Hirnhemisphären festgelegt. Somit bildet sich die Dominanz einer Körperseite oder einer

Extremität durch endogene Faktoren und in Abhängigkeit exogener Einflüsse heraus.

In allen Kulturen wird der Anteil der Linkshänder, je nach Autor/In, zwischen 25 % und 50 % angegeben. Ambidexter, das heißt, beidhändig hantierende Kinder, sind meist Kinder, die zunächst links hantiert haben und durch ihre Eltern oder ihre Umgebung angehalten wurden, ihre rechte Hand zu benützen. Dies sind in der Regel die Problemkinder- nicht die eindeutigen und akzeptierten Linkshänder, da sie keine ausgeprägte Geschicklichkeit mit einer Hand aufweisen. Die Umerziehung von der leistungsstärkeren und geschickteren linken Hand auf das sogenannte „schöne Händchen" muß in jedem Falle unterbleiben! Händigkeit ist Hirnigkeit und der Verarbeitungsprozess verschiedenen Sinneseindrücke wird durch die Umerziehung erheblich gestört. Sehr häufig treten verbunden damit Störungen in Form von Minderwertigkeitsgefühlen, Verhaltensstörungen, Sprachstörungen bis hin zum Stammeln und Stottern, Konzentrationsschwierigkeiten und Probleme der Feinmotorik oder beim Schreib- und Leseprozess auf.

Die Bevorzugung einer Hand bildet sich schon im Alter von cirka 18 Monaten heraus und ändert sich ohne Einfluß der Umgebung nur selten. In diesem Alter sollte die Händigkeit beobachtet und von der Familie akzeptiert werden. Nur so ist eine ungestörte Entwicklung der natürlichen Seitendominanz möglich.

Durch die Bevorzugung einer Hand beübt sich das Kind auf dieser Seite und stabilisiert bis zum Schuleintritt seine Handgeschicklichkeit.

Bei Vorschulkindern, die noch keine eindeutige Handdominanz haben, muß überprüft werden, welches die dominante Körperseite beziehungsweise Extremität ist. Die Dominanz von Auge, Ohr und Fuß gibt zusätzlich Informationen über die leistungsfähigere Hirnhemisphäre.

Hat das Kind eine sogenannte gemischte Dominanz (z.B. rechtes Auge, linkes Ohr, linke Hand, rechter Fuß), ist an eine Hirnfunktionsstörung im Sinne einer MCD oder an eine vorangegangene Umerziehung zu denken.

Erst wenn die dominante Körperseite sicher festgestellt wurde, kann mit Übungen zur Handgeschicklichkeit begonnen werden. Hierbei sind eigene Beobachtungen und ergänzende Tests sowie die Befragung von Eltern, Betreuungspersonen und den Kindern selber aufschlußreich.

Spätestens beim Schreiblernprozess muß das Wechseln von einer zur anderen Hand verhindert werden, da das Schreibenlernen erheblich gestört wird, wenn das Kind beim Ermüden die Hand wechselt.

Bei vielen dieser Kinder fällt zusätzlich auf, daß ihre Rumpfrotation eingeschränkt ist und sie keine Überkreuzungsbewegungen ausführen. Aufgegriffene Gegenstände werden in der Körpermitte von einer Hand in die andere übergeben.

Sie spüren den Unterschied ihrer beiden Körperhälften nicht genau und wissen dadurch nicht sicher, wo rechts und links ist. Beim Abzeichnen erkennen sie z.B. nicht, ob ein Kamin rechts oder links am Hausdach angesetzt ist. Ihre Wahrnehmung räumlicher Beziehungen und der Raumlage ist stark eingeschränkt. Die Richtungsstabilität ist eine wichtige Voraussetzung, damit feinmotorische Verrichtungen wie Malen, Schreiben, Schleife-binden und Falten überhaupt gelernt werden können.

Für die Dominanz sind keine speziellen Spielideen aufgeführt. Bei Störungen der Dominanzentwicklung muß eine Therapie unbedingt umfassend im grobmotorischen Bereich ansetzen.

Taktile und kinästhetische Wahrnehmung

Kinder mit gestörter taktiler Wahrnehmung entwickeln sich feinmotorisch nicht altersgemäß. Sie spüren nur ungenau, wie ihre Finger zusammenarbeiten und wie sie ihre Kraft dosieren müssen. Sie brauchen besonders lange, um Malen und Schreiben zu lernen.

Taktil überempfindliche Kinder reagieren auf viele Tastreize mit taktiler Abwehr. Sie empfinden z.B. Kleister, Matsch oder rauhe Oberflächen als sehr unangenehm und vermeiden weitgehend den Kontakt mit Materialien. Sie machten deshalb schon als Kleinkind nur wenig Erfahrung mit unterschiedlichen Materialien. Dadurch konnten sie ihre feinmotorische Geschicklichkeit nur unzureichend üben.

Kinder mit Störungen der taktilen und kinästhetischen Wahrnehmung können sich motorisch nicht altersgemäß entwickeln. Berührungs- und Bewegungsreize am ganzen Körper werden nicht richtig verarbeitet und somit kann die motorische Antwort auf den Reiz nicht angepaßt erfolgen. Manche dieser Kinder sind taktil hyposensibel, andere hypersensibel. Ein Reiz wird zu wenig oder zu stark wahrgenommen. Dies hat negative Auswirkungen auf sämtliche motorische Verrichtungen dieser Kinder.

Ein taktil hyposensibles Kind spürt beim Krabbeln, Gehen und Tasten nicht genau, wo es den Boden berührt und welche Beschaffenheit dieser hat. Daraus resultiert eine gravierende Störung des Körperschemas.

Ein taktil hypersensibles Kind reagiert mit taktiler Abwehr und macht dadurch zu wenig Erfahrungen mit Oberflächen und Materialien.

Ein kinästhetisch hyposensibles Kind spürt nicht genau die Stellung seiner Gelenke und Körperteile zueinander. Dadurch ist seine allgemeine Bewegungsplanung gestört.

Kinästhetische hypersensible Kinder wurden bisher noch nicht beobachtet.

Im Bereich der Handgeschicklichkeit wirken sich taktil-kinästhetische Störungen gravierend aus. Die betroffenen Kinder spüren beispielsweise nicht oder nur ungenau, wie ihre Finger zueinander stehen, wie sie den Stift halten oder wie sie ihre Kraft dosieren müssen. Sie haben große Schwierigkeiten bei allen feinmotorischen Verrichtungen.

Grobe Auffälligkeiten im taktil-kinästhetischen Bereich müssen durch ganzkörperliche Übungen grundlegend behandelt werden.

3.3 Beobachtungssituationen und standardisierte Tests

Wenn ein Kind in die Ergotherapie kommt, muß es umfassend im grob- und feinmotorischen Bereich und auf seine Wahrnehmungsfähigkeit hin beobachtet und getestet werden.

In unserer ergotherapeutischen Praxis haben wir einige feinmotorische Tätigkeiten zusammengestellt, die uns vergleichende Beobachtungen neuer Patienten erleichtern. Standardisierte Tests verwenden wir ergänzend zu unseren eigenen Beobachtungen.

Dabei kommt es uns mehr auf die Qualität der Bewegungen an als auf die im Test abgefragte quantitative Aussage.

So achten wir beim Punktieren mit einem Stift, wie dies im Motoriktest für 4–6 Jahre (MOT) und beim Zielpunktieren von Schilling vorkommt, nicht unbedingt auf die erreichte Punktzahl. Wir beobachtene, wie und in welcher Hand das Kind den Stift hält (Dominanz), wie seine Kraftdosierung und Zielgenauigkeit ist, wie es am Tisch sitzt und welche Haltung es dabei einnimmt. Weiterhin sehen wir, ob es sich verkrampft, ob seine Bewegungen rhythmisch und flüssig sind, und nicht zuletzt, wie sein Aufgabenverständnis und seine Kooperationsbereitschaft ist.

In unseren Beobachtungen zur Dominanz orientieren wir uns weitgehend am Harris-Test der Seitendominanz, den wir jedoch ergänzt und leicht modifiziert haben. Dabei gilt es, zu beobachten, welche Hand, welcher Fuß oder welches Auge und Ohr spontan zuerst benutzt wird, wenn ein Gegenstand in die Mitte vor das Kind gelegt wird. Bei umtrainierten Linkshändern ist mitunter zu beobachten, daß sie mit der linken Hand malen, während sie mit der rechten Hand schreiben.

Grundsätzlich ist der Gebrauch der leistungsfähigeren Hand um so festgelegter, je feiner, komplizierter und differenzierter die auszuführendere Tätigkeit ist. Bei einfachen Aufgaben ist somit nur eine wechselnde oder instabile Dominanz zu beobachten.

3.3.1 Für die Beurteilung der Qualität der Handgeschicklichkeit eignen sich folgende Beobachtungssituationen

1. Spiele wie Mikado und Packesel und selbsterdachte Spiele mit Kreiseln, Würfeln und Wäscheklammern. Hierbei können Kraftdosierung, Zielgenauigkeit, Hand- und Fingergeschicklichkeit, Koordination, Diadochokinese und Dominanz beobachtet werden.
2. Schnipsspiele mit Murmeln in Pertra-Rillenbrettchen. Hierbei kann die isolierte Fingerbeweglichkeit, die Fingerkenntnis und die Dominanz beobachtet werden.
3. Steckbäumchen vom Kind in ein Pertra-Lochbrett stecken lassen und mit Gummischnüren vorgegebene Spuren wie Zick-zack oder Schlaufen nachmachen lassen (Spielidee: Tierspuren im Wald). Diese Übung gibt Aufschluß über die Handlungs- und Bewegungsplanung des Kindes und die Augen-Hand-Koordination. Bei den Schlaufen zeigt es sich, ob das Kind vorgegebene Überkreuzungen wiedergeben kann.
4. Je nach Alter des Kindes Grundformen oder kompliziertere Formen wie z.B. ein Tierfoto aus einer Illustrierten ausschneiden lassen. Hierbei kann die Augen-Hand-Koordination, die Hand-Hand-Koordination, die Genauigkeit und der Umgang mit der Schere beobachtet werden. Zusätzlich wird sichtbar, ob das Kind Schwierigkeiten im Bereich der Figur-Grundwahrnehmung hat.
5. Das Kind malt sich und seine Familie und alles, was ihm noch zusätzlich wichtig erscheint. Hierbei kann beobachtet werden, wie weit das Kind in seiner Malentwicklung ist, welches die Malhand ist und in welcher psychischen Verfassung es sich gerade befindet.

6. Das Kind soll verschiedene vorgemalte Formen abzeichnen wie Kreis, Quadrat, Raute, Kreuz, X und Y, Grundformen der Schrift, Schiff und Haus. Hierbei kann beobachtet werden, wie das Kind Formen, Größen und die Raumlage erfaßt und wiedergibt und ob es eventuell zum Malen eine andere Hand benützt als zum Schreiben.

7. In einer vorgemalten Schlange verschiedene vorgegebene Muster weitermalen lassen, die abwechselnd durch Kind und Therapeut/In vorgegeben werden. Hierbei kann beobachtet werden, wie das Kind die vorgegebenen Muster erfassen und wiedergeben kann, welche eigenen Ideen es hat und ob es zum Schreiben eine andere Hand benutzt, als zum Malen.

3.3.2 Standardisierte Tests, die gesondert oder kombiniert mit der Grobmotorik die Feinmotorik und die Dominanz überprüfen

EGGERT, D.: Lincoln-Oseretzky-Skala (LOS KF 18)
Beltz Testgesellschaft, Weinheim.

JÄGER/BEETZ/ERLER/HABERSANG-WALTHER: Mannheimer Schuleingangsdiagnostikum (MSD) Beltz Testgesellschaft, Weinheim

LOCKOWANDT, O.: Frostig Entwicklungstest der Visuellen Wahrnehmung.
Beltz Testgesellschaft, Weinheim

RUDOLF, H.: Graphomotorische Testbatterie,
Beltz Testgesellschaft, Weinheim

SCHILLING, F. (noch nicht veröffentlicht): Kamel-Nachfahrtest, Labyrinth-Test, Leistungs-Dominanz-Test

STEINGRÜBER, H. J. UND LIENERT, G. A.: Hand-Dominanz-Test (H-D-T)
Testzentrale des Berufsverbandes deutscher Psychologen,
Robert-Bosch-Breite 25, 3400 Göttingen

ZIMMER-VOLKAMER: Motoriktest für 4-6jährige Kinder (MOT)
Beltz Testzentrale, Weinheim

3.3.3 Modifizierter Harris-Dominanztest

Um als Therapeut/In eine Einschätzung zu bekommen, ob ein Kind umerzogen worden ist, ist eine Differenzierung der abgefragten Handlungen in drei Kategorien hilfreich. Die Einschätzung von Kategorie A oder B ist stark vom jeweiligen Alter des Kindes abhängig. Je jünger es ist, desto eher ist es eine spontane Handlung und weniger durch Erziehung und Umwelt geprägt.

A sind eher spontane und von der Erziehung und Umwelt wenig geprägte Tätigkeiten

B sind durch Erziehung und Umwelt geprägte Tätigkeiten

C sind durch Werkzeuge geprägte Tätigkeiten

1. *Kenntnis von rechts und links*
   rechte Hand
   linkes Ohr
   rechtes Auge

2. *Handbevorzugung*
   a) Mit einem Stift einen Strich malen (A oder B)
   b) diesen mit einem Radiergummi teilweise wegradieren (B)
   c) an einer Linie entlang schneiden (B oder C)
   d) Zähne putzen (pantomimisch angedeutet) (A)
   e) Haare kämmen (A)
   f) Knete mit einem Messer zerschneiden (B)
   g) Türe öffnen (A)
   h) Türe abschließen (A)
   i) Mit Pinzette kleine Körner umfüllen (A)
   j) Spielzeug oder Uhr aufziehen (A)
   k) Kreiseln und Würfeln (A)
   l) Nagel einschlagen (A oder C)
   m) Nagel mit einer Zange herausziehen (A oder C)
   n) Dosenturm mit einem Tennisball umwerfen (Zielwerfen) (A)
   o) freies Bild malen (A oder B)

3. *Symmetrisches, beidhändiges Malen (erst ab 6 Jahre)*
   a.) Über einen längeren Zeitraum Kreise malen lassen (qualitativen Unterschied beurteilen)
   b.) gleichzeitig mit beiden Händen je ein Haus malen lassen (dominante Hand übernimmt die Führung)

4. *Grundmuster oder Schrift mit der rechten und linken Hand malen lassen* (Tempo und Qualitätsunterschied beurteilen)

5. *Klopfen mit dem Zeigefinger (Anzahl und Rhythmus beobachten)*

6. *Handkraft*

   Händedruck beider Hände vergleichen

   (Nur bedingt aussagekräftig, da oft wenig Übereinstimmung von Handkraft und Händigkeit besteht)

7. *Augendominanz*

   a) Kaleidokop
   b) Oktoskop
   c) dünne Papierröhre
   d) Schlauchstück

8. *Ohrdominanz*

   Kind soll sich eine tickende Uhr ans Ohr halten

9. *Fußdominanz*

   a) Ballkicken
   b) Fußstampfen
   c) Einbeinhüpfen

4. Übungen zur Handgeschicklichkeit

Es gehört ein großes Repertoire an Ideen dazu, Kinder mit feinmotorischen Störungen in einer Langzeittherapie zu gezielten Übungen zu motivieren und die Übungen abwechslungsreich und interessant zu gestalten.

Unsere feinmotorischen Übungen zur Handgeschicklichkeit sind vorwiegend für die Einzeltherapie geeignet. Zur Motivationssteigerung sollten Kind und Therapeut/In die Rolle der/des Führenden und der/des Geführten immer wieder tauschen.

Bei einer längeren Behandlungszeit hat sich eine Parallelbehandlung mit 2 Kindern bewährt. Der Anreiz durch ein anderes Kind gleichen Alters mit ähnlichen Schwierigkeiten ist sehr stark motivierend und zudem kann die Spielsituation lebendiger gestaltet werden.

Kinder, die aufgrund schlechter Erfahrungen ungern oder gar nicht malen, müssen sehr langsam und behutsam an Übungen mit Papier und Stift herangeführt werden. Sie haben Angst vor der Arbeit mit dem Stift.

Erst nachdem das Kind ganz spielerisch mehr Körpergefühl für seine Arme, Hände und Finger bekommen hat, sollten sich Schiebespiele mit den Fingern und später mit einem Stäbchen anschließen.

Bei allen Schiebespielen sollte die Lese-und Schreibrichtung von links nach rechts und von oben nach unten gleich mitbeübt werden.

Auch das Malen auf „Zaubertafeln“ mit Stäbchen, auf Tafeln mit Kreide, oder auf Resopaltafeln mit abwaschbaren Wachsstiften, kann helfen, die Ängste des Kindes weiter abzubauen.

Ein dicker Pinsel wird vom Kind nicht als so schlimm empfunden wie ein Stift. So können Kartons und Packpapier bemalt werden, bevor nach dem Arbeiten mit Wachsblöcken und Wachsmalstiften nach Wochen der erste dicke Buntstift in die Hand genommen wird.

Zur Einübung der richtigen Stifthaltung stellt für viele Kinder eine Schreibhilfe eine große Unterstützung dar. Es gibt sie für dünne und dicke Stifte. Zur Stabilisierung eignen sich Spiele, bei denen das Stäbchen oder der Stift oft abgelegt oder gewechselt werden muß, z.B. durch Würfeln oder Farbwechsel. (siehe Foto auf S. 36)

Zu allen graphomotorischen Übungen werden mindestens DIN-A-3 große Papiere, Kreppband zum Festkleben und dicke Holzmalstifte benö-

Schreibhilfe

tigt. Dünne Stifte sind für alle Kinder bis zum Ende der ersten Klasse und besonders für Kinder mit handmotorischen Schwierigkeiten ungeeignet. Die Stifthaltung ist bis dahin noch relativ ungeübt und die Finger sowie die ganze Hand verkrampfen sich wesentlich schneller, wenn das Kind einen dünnen Stift halten muß.

Filzstifte sind, abgesehen von ihrer Giftigkeit und dem entstehenden Plastikmüll, auch aus graphomotorischen Überlegungen heraus ungeeignet: Das Kind entwickelt kein Gefühl für die unterschiedliche Kraftdosierung bei der Variation von hell zu dunkel und der Stift läuft sozusagen von selber über das Papier.

Hypotone Kinder mit wenig Fingerkraft bevorzugen diese Stifte zwar oft, können aber durch die häufige Benützung von Filzstiften ihre Fingerkraft nicht steigern.

Bei Kindern, die ihre Bewegungen nicht ausreichend steuern und stoppen können, rast der Filzstift zu leicht über das Papier und das Steuern und Bremsen wird noch schwieriger.

Bei allen Übungen zur Handgeschicklichkeit und zur Graphomotorik ist es hilfreich, ausschmückende Geschichten zu erzählen und motivierende Spielsituationen zu erfinden. Im einzelnen können diese hier nur angerissen und anhand der Fotos angedeutet werden und bleiben der Fantasie des/der einzelnen Therapeuten/In überlassen.

Die aufgeführten Übungen sind immer nur einem Teilaspekt der Handgeschicklichkeit zugeordnet, obwohl durchaus mehrere Teilaspekte beübt werden. Diese sind unter „Ü" aufgeführt

Erläuterung der Rubriken:

Thema	=	Thema
Material	=	benötigtes Material
Übung	=	markanteste beübte Funktion, außer der in der Überschrift benannten
Beschreibung	=	Beschreibung des Spiels/der Übung
Variation	=	Variation des Spiels/der Übung
Spielidee	=	Spielidee
Hinweise	=	Hinweise für Eltern

4.1 Hand- und Fingerkraft / Kraftdosierung

Thema: **Papierbälle**

Material: Zeitungen, Kleister, Kreppapier, Schürzen

Übung: Matschen, Zielgenauigkeit

Beschreibung: Kleister anrühren, Zeitungsbogen zu einem Ball zerknüllen. Kreppapier in kleine Stücke schneiden oder reißen, Ball einkleistern und die Kreppapierschnipsel deckend ankleben.

Spielidee: Getrocknete Bälle als Wurfbälle für einen Dosenturm einsetzen.

Papierbälle

Thema:	**Pappmaché masken**
Material:	Zeitungen, Karton, Kleister, Farben
Übung:	Fingergeschicklichkeit
Beschreibung:	Kleister anrühren, Maske auf Karton aufmalen und ausschneiden, Papier in kleine Schnipsel reißen, Schnipsel unter den Kleister kneten, Kleistermasse auf die Maskenform aufbringen, getrocknete Maske anmalen.

Wasserspiele

Thema:	**Wasserspiele**
Material:	Kleine Plastikgefäße, große Schüssel, Stäbe, Gymnastikreifen, verschiedene Hindernisse
Übung:	Umfüllen/Bewegungsgenauigkeit
Beschreibung:	Wassergefäß auf Handteller, Handrücken, Fingern, Unterarm oder Oberarm balancieren.
Variation:	Gefäße mit Stäben schieben.
Variation:	Gefäße mit Gymnastikreifen ziehen oder schieben.
Variation	Gefäße über Hindernisse tragen.

Zierkerzen

Thema:	**Zierkerzen**
Material:	Dicke Kerzen, farbige Wachsplatten
Übung:	Fingergeschicklichkeit
Beschreibung:	Aus Wachsplatten kleine Kügelchen und Würste formen und verschiedene Motive an die Kerze drücken.

Thema:	**Igelstacheln anklammern**
Material:	Großer ausgeschnittener Igel aus dickem Karton oder dünnem Sperrholz, verschiedene Wäscheklammern
Übung:	Zielgenauigkeit, Hand-Hand-Koordination
Beschreibung:	Wäscheklammern als Stacheln an den Igel klammern.
Hinweise:	Mithilfe beim Wäscheauf- und -abhängen.

Thema: **Postkartenausstellung**

Material: größere Anzahl von interessanten Ansichtskarten, verschiedene Wäscheklammern, Schnur

Übung: Hand-Hand-Koordination, Zielgenauigkeit

Beschreibung: Postkartenausstellung aufhängen.

Variation: Blinde-Kuh-Spielkarten mit Klammern von Kind zu Kind weitergeben.

Variation: Greifbagger: Kleine Klötzchen mit Wäscheklammern umladen.

Thema: **Murmelhöhle**

Material: Eine Murmel

Übung: Hand-Hand-Koordination

Beschreibung: Die Murmel fest zwischen den geschlossenen Händen halten, Partner versucht, sie zu rauben.

Variation: Murmel mit der flachen Hand gegen den Boden drükken - Partner versucht, mit einem Finger die Murmel zu rauben.

Thema: **Fingerhakeln**

Material: keines

Beschreibung: Zwei sich gegenübersitzende Partner versuchen, mit eingehängten Fingern den Arm gegenseitig über den Tisch zu ziehen.

Thema: **Konfetti**

Material: Papier, Locher, leere Filmdose

Übung: Hand-Hand-Koordination, Pinzettgriff

Beschreibung: Papier in Streifen schneiden, zerlochen und das gelochte Konfetti in die leere Filmdose füllen.

Tiere mit Fell versehen

Thema:	**Tiere mit Fell versehen**
Material:	Karton, Filz-, Leder-, Stoff- und Fellreste
Übung:	Spüren und Schneiden verschiedener Materialien.
Beschreibung:	Verschiedene Tiere auf den Karton aufmalen, aus den verschiedenen Materialien Schnipsel schneiden und als Fell aufkleben.

Der Ball hat Hunger

Thema:	**Der Ball hat Hunger**
Material:	Tennisball (ein kleines Stück aufgeschnitten), Muggelsteine
Übung:	Zangengriff
Beschreibung:	Durch seitliches Drücken das „Maul" des Balles öffnen und den Ball füttern.

Watte-blasen

Thema: **Watte-blasen**

Material: Klistierball, Wattebäusche

Beschreibung: Die Watte mit der Luft aus dem zusammengedrückten Klistierball in ein Ziel blasen.

Variation: Tischtennisbälle verwenden.

Wachsbügeltechnik

Thema:	**Wachsbügeltechnik**
Material:	Transparentes Entwurfpapier, Stockmar-Wachsmalkreiden, Bügeleisen, Zeitungen
Übung:	Ausdauer und flächendeckendes Malen
Beschreibung:	Transparentpapier flächig und kräftig mit den Wachskreiden bemalen, bemaltes Papier mit der Farbe nach innen zur Hälfte falten, kurz überbügeln, bis das Wachs zerläuft und sofort auseinanderziehen, zu Weihnachtsschmuck weiterverarbeiten.
Variation:	Zu Postkarten weiterverarbeiten.
Variation:	Zu einer Laterne weiterverarbeiten.

Zauberkratzbild

Thema: **Zauberkratzbild**

Material: Weißer Karton, Wachskreiden, (unbedingt schwarz), größerer Nagel, Zeitungen

Übung: Ausdauer, flächiges, deckendes Malen

Beschreibung: Karton mit bunten Wachskreiden (außer schwarz) flächig bemalen, gesamten Karton deckend mit Schwarz übermalen, Bildmotiv mit einem größeren Nagel einritzen.

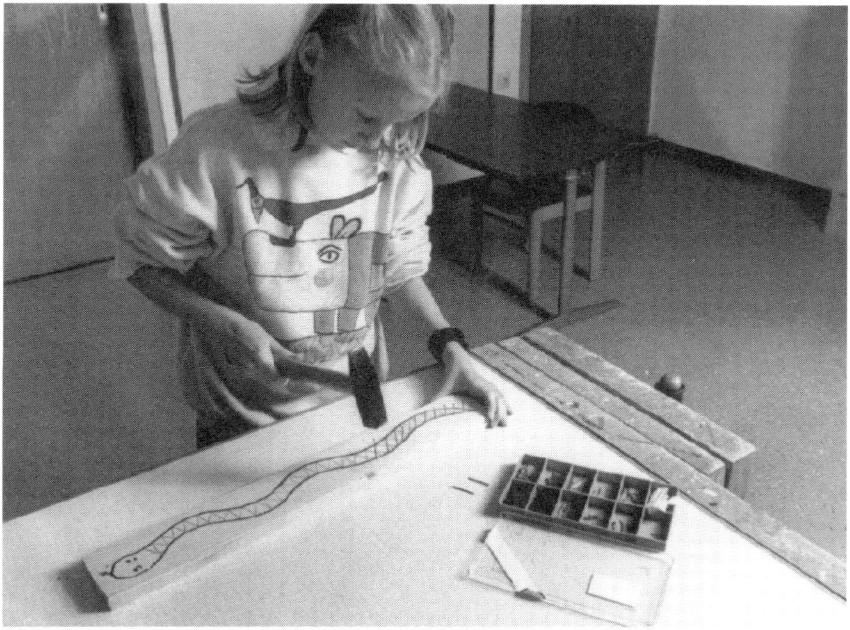

Kugelbahn aus Nägeln

Thema:	**Kugelbahn aus Nägeln**
Material:	Nägel, Brett, Hammer
Übung	Handgelenksbeweglichkeit, Zielgenauigkeit
Beschreibung:	Doppelte Schlangenlinie aufmalen, Nägel, enger als der Durchmesser einer Murmel, einschlagen.
Spielidee:	Murmel durchrollen lassen, indem das Brett hin- und hergekippt wird.

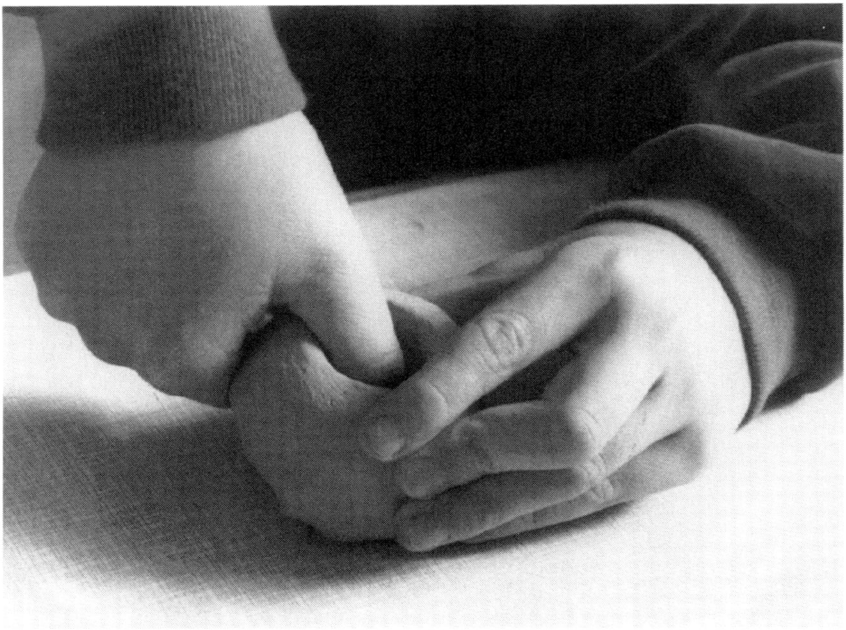

Daumendruckschale

Thema:	**Daumendruckschale**
Material:	Ton, Schürze, Unterlage
Übung:	Zangengriff, Fingergeschicklichkeit
Beschreibung:	Ton kräftig auf dem Tisch ausschlagen, größere Kugel rollen und mit dem Daumen ein tiefes Loch hineindrücken. Das Loch über den Zangengriff erweitern und zu einer Schale oder Vase ausarbeiten.

Thema: **Spaghetti machen**

Material: Knete, grobe Knoblauchpresse

Übung: Hand-Hand-Koordination

Beschreibung: Knete in die Knoblauchpresse füllen und „Spaghetti" herauspressen.

Variation: Ton oder eine „Spätzlespresse" benutzen.

Thema: **Tannenbaumschmuck aus Ton**

Material: Ton, Wellholz, Plastikfolie oder Holzbrett als Unterlage, Ausstecherformen, dicker Nagel

Übung: Hand-Hand-Koordination, Flächenausnutzung, Spitzgriff

Beschreibung: Ton kräftig auf dem Tisch ausschlagen, mit dem Wellholz auf der Unterlage ausrollen, Formen ausstechen und Rand glätten. Mit dem Nagel Loch bohren und Muster einritzen, geschrühte bzw. gebackene Formen mit wasserlöslicher Farbe bemalen.

Variation: Salzteig benutzen.

Hinweise: Ausgestochene Kekse herstellen.

Thema: **Bananenquarkherstellung**

Material: Bananen, Quark, Milch, Schüssel, Brettchen, Gabel, Küchenmesser

Beschreibung: Bananen zerkleinern und mit der Gabel zerdrücken, mit Quark und Milch verrühren.

4.1.1 Werktechniken und käufliche Spiele

Speckstein sägen, feilen, raspeln, schleifen und polieren; Holz sägen, raspeln, feilen, bohren und nageln; Laubsägearbeiten; Drucken: z.B. Kartoffeldruck, Materialdruck, Stempeln, Linoldruck; Tonarbeiten, kneten.

Blinde-Kuh-Spiel, Ravensburger Spielverlag

4.2 Schulter- und Ellenbogengelenksbeweglichkeit

Thema: **Richtungs- oder Formenschwingen**

Material: Feuerschwänze

Beschreibung: Die Feuerschwänze, unter Umständen mit Musik, vor, neben oder über sich hin- und herschwingen bzw. große Formen wie Kreise, Wellen oder Achten schwingen.

Variation: Chiffontücher kraftvoll hochwerfen/kleine Jongliernummer mit zwei Tüchern probieren.

Variation: Chiffontücher von Hand zu Hand, um den Rumpf oder um den Kopf herumgeben.

Variation: Keulen oder Schwungbänder am Stäbchen benutzen.

Herstellungsanleitung der Feuerschwänze: Stoffrest 25x25 cm zuschneiden, mit einer Handvoll Sand füllen und mit Bindfaden die 4 Ecken zusammenknoten. 80 cm lange Schnur zusammen mit vier farbigen, 1m langen Kreppstreifen anknoten.

Thema: **Zielwerfen**

Material: Verschiedene Materialsäckchen, aufgehängter Reifen oder Zielscheibe

Übung: Zielgenauigkeit

Beschreibung: Säckchen durch den Reifen oder auf ein anderes Ziel werfen.

Spielidee: Die Säckchen sind Tiger im Zirkus, die durch den Reifen springen.

Thema: **Pezziball prellen**

Material: Pezziball

Übung: Raumorientierung

Beschreibung: Ball zu bestimmten Punkten im Raum prellen.

Spielidee: Bissigen Hund vertreiben.

4.2.1 Werktechniken und käufliche Spiele

Großräumiges Schleifen von Holz; Sägen mit Bügelsäge zu zweit; Bohren mit der Perzeptionsbohrmaschine (Perbo) der Firma Hörz; Weben am Hochweb- oder Schulwebrahmen.

- Federball, Family-Tennis
- Jokari (Schläger mit Gummischnur)
- Verschiedene Ballspiele, Pezziball
- Chiffontücher
- Springseile

4.2.2 Graphomotorische Spielideen

Thema:	**Pendelschwingen** (siehe Foto auf S. 52)
Beschreibung:	Mit wechselnden Farben einen Regenbogen oder eine Schaukel entstehen lassen.
Variation:	Tafel und Kreide verwenden / mit Musik arbeiten.

Thema:	**Malen im Betgriff**
Übung:	Überkreuzen der Mittellinie
Beschreibung:	Schwungvolles Malen von Achten in sämtlichen Raumrichtungen und anderen großen schwingenden Formen.

Thema:	**Zoo** (siehe Foto auf S. 52)
Beschreibung:	Großräumig vorgezeichnete Tierkonturen schwungvoll wiederholt nachfahren.
Spielidee:	Tieren ein dickes Winterfell malen.

Pendelschwingen ▲ ▼ *Zoo*

4.3 Handgelenksbeweglichkeit

Thema:	**Klatschspiele alleine oder mit Partner**
Material:	keines
Übung:	Hand-Hand-Koordination, Zielgenauigkeit, Rhythmus, Überkreuzungsbewegung
Beschreibung:	Im Rhythmus eines Reims Klatschspiele durchführen.

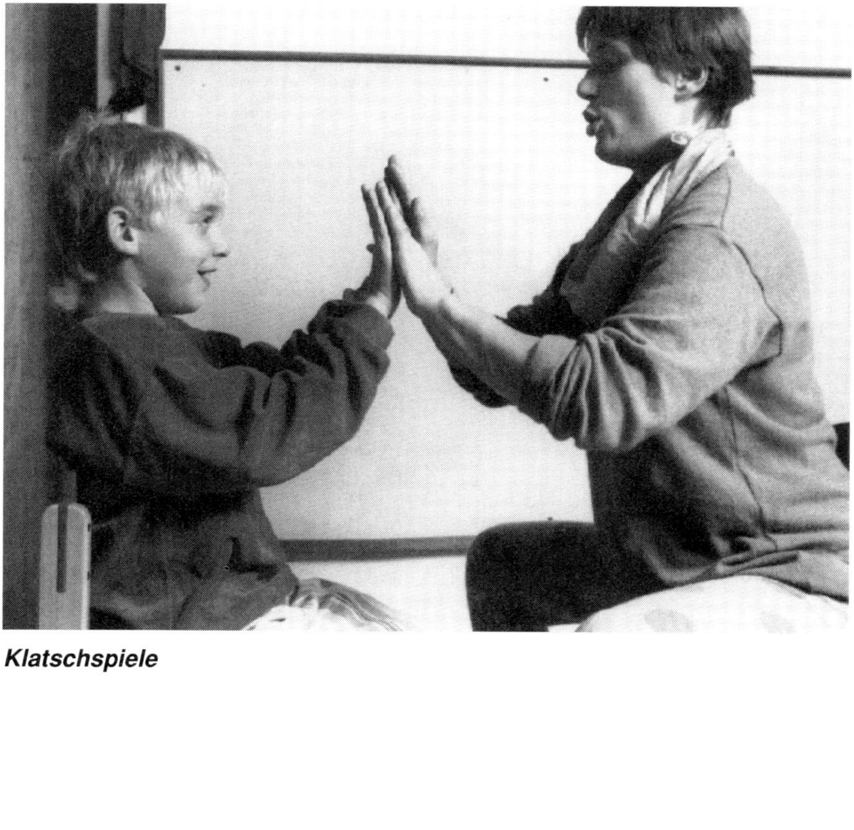

Klatschspiele

Kurvenreiche Straße

Thema:	**Kurvenreiche Straße**
Material:	Pertra-Grundbrett, Steckfahnen, Rillenbrettchen
Übung:	Augen-Handkoordination, Zielgenauigkeit
Beschreibung:	Aus den Rillenbrettchen eine kurvenreiche Straße legen und verschiedene Materialien durchschieben.
Variation:	Dasselbe mit Pertra-Steckfähnchen durchführen.

Thema:	**Wollknäuel aufwickeln**
Material:	Vorgefertigtes Wollknäuel in Kinderfaustgröße
Übung:	Fingergeschick und Hand-Hand-Koordination
Beschreibung:	Wollknäuel weiter aufwickeln.

Ball prellen

Thema:	**Ball prellen**
Material:	Sprungfähige Bälle
Übung:	Reaktion, Orientierung im Raum
Beschreibung:	Ball zu einem bestimmten Ziel hinprellen.
Variation:	Zeitlupenball oder Luftballon (Riesenluftballon) verwenden.

Thema:	**Säckchen hochschleudern**
Material:	kleine, mit verschiedenen Materialien gefüllte Säckchen oder Bälle
Übung:	Reaktion
Beschreibung:	Säckchen auf den Handrücken legen und in die Luft schleudern. Versuchen, das Säckchen im Fall aufzufangen (unter Umständen Unterarm festhalten).

Wattebäusche wegwedeln

Thema: **Wattebäusche wegwedeln**

Material: Zeitungen, Wattebäusche

Beschreibung: Zeitung zusammenfalten und durch Hin- und Herwedeln die Wattebäusche durch den Raum treiben.

Variation: Tennisbälle verwenden.

Spielidee: Vieh treiben.

Thema: **Kugeln wegschleudern**

Material: Holzkugeln

Übung: Zielgenauigkeit

Beschreibung: Mit einer Extensionsbewegung Kugeln über den Boden schleudern, unter Umständen Unterarm festhalten.

Variation: Tennisbälle verwenden.

Rieselspiele

Thema:	**Rieselspiele**
Material:	Sand, Bohnen, Kastanien, Linsen
Übung:	Zielgenauigkeit
Beschreibung:	Material auf eine Hand geben und in die andere Hand rieseln lassen.
Variation:	Ball von einer Hand in die andere geben.
Variation:	Becher füllen und umfüllen.
Variation:	Material in eine Flasche einfüllen.
Spielidee:	Bagger, Kaufladen, Kochen spielen.

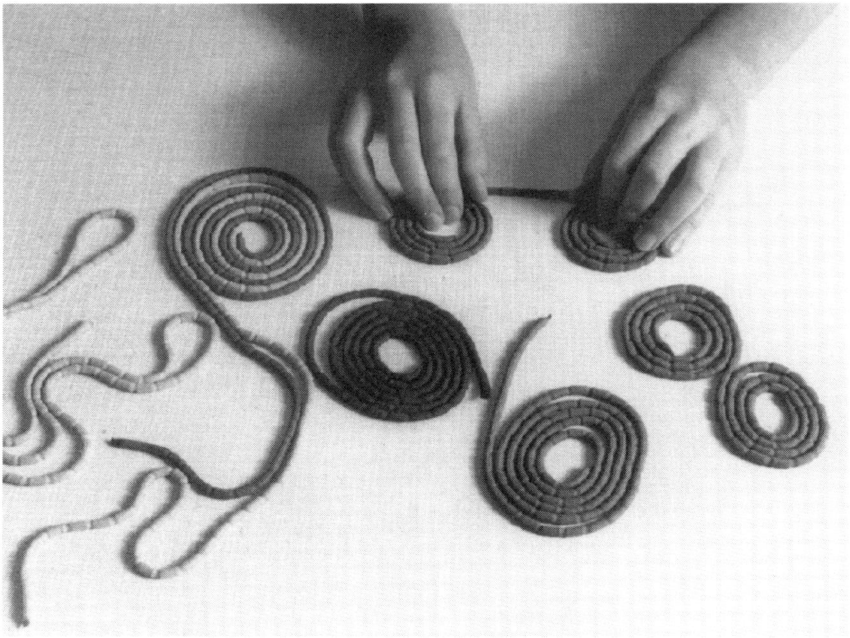

Schnecken drehen

Thema:	**Schnecken drehen**
Material:	Bunte Bleischnüre
Übung:	Fingergeschicklichkeit, Hand-Hand-Koordination
Beschreibung:	Durch Drehung, anfangs mit den Fingerspitzen und im weiteren Verlauf mit der flachen Hand, die Bleischnüre zu Schnecken aufdrehen.
Variation:	Schnecke nur mit den Fingerspitzen aufdrehen.
Variation:	Schnecke von beiden Seiten mit beiden Händen gleichzeitig aufrollen.

Thema:	**Kleister anrühren**
Material:	Schneebesen, Eimer, Kleisterpulver
Übung:	Handkraft
Beschreibung:	Kleister mit Schneebesen anrühren.
Hinweise:	Kind bei Küchenarbeiten helfen lassen (Pudding kochen).

Thema:	**Schrauben und aufziehen**
Material:	große Schrauben und Muttern, Baufix, verschiedene aufziehbare Spielsachen oder Uhren
Übung:	kräftiger Spitzgriff
Spielidee:	Handwerker spielen

4.3.1 Werktechniken und käufliche Spiele

- Flechtweben
- Memory
- Schnipp-schnapp
- Spiele mit Würfeln
- Tischfußballspiel
- Baufix
- Jojo

4.3.2 Graphomotorische Spielideen

Thema:	**großräumiges Schraffieren**
Übung:	Richtungsstabilität, Ausdauer
Beschreibung:	Eine größere Fläche systematisch ausmalen oder übermalen unter Umständen mit Fixieren des Unterarms, Auflegen eines Säckchens oder Unterlegen eines großen Knopfes.
Spielidee:	Eine zart aufgemalte Form durch Überschraffieren verschwinden lassen.

4.4 Fingerbeweglichkeit

Thema:	**Bürospiel**
Material:	Papier, Locher, Hefter, Heftkammern, Klammerapparat, Büroklammern
Übung:	Grapho-Grundmuster malen, Hand-Hand-Koordination und Hand- und Fingerkraft.
Beschreibung:	Papier bemustern, zusammenklammern, lochen, abheften, stempeln etc.

Jeder Finger darf malen

Thema:	**Jeder Finger darf malen**
Material:	Fingerfarben, Kreppband, Schürze, Papier, unter Umständen Rauhfasertapete
Übung:	Tastsinn
Beschreibung:	Auszumalendes Motiv für zehn Finger aufmalen, z.B. Ostereier im Nest oder einen Luftballonverkäufer. Jeder Finger malt mit einer anderen Farbe.
Variation:	Mit Rasierschaum auf Spiegel malen.
Variation:	Mit Creme auf aufgeklebter Baufolie malen.
Variation:	Finger durch Oppositionsbewegung gegenseitig anmalen.

Igelstacheln anklammern

Thema:	**Büroklammerspiel**
Material:	Büroklammern
Beschreibung:	Die Büroklammern so ineinanderhängen, daß sie eine Kette ergeben.
Variation:	Büroklammern als Stacheln an eine Pappkarte in Igelform anstecken.

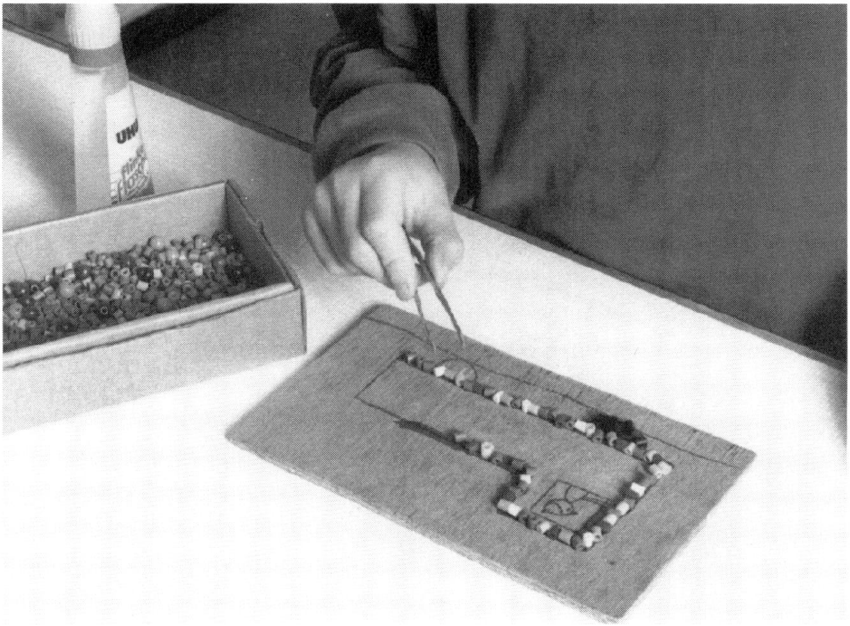

Perlenbild

Thema: **Perlenbild**

Material: Pinzette, kleine Perlen, Pappe, Holzleim

Übung: Zielgenauigkeit/Pinzettgriff

Beschreibung: Motiv auf ein Pappstück aufmalen. Stückweise mit Kleber nachfahren, mit einer Pinzette Perlen aufkleben.

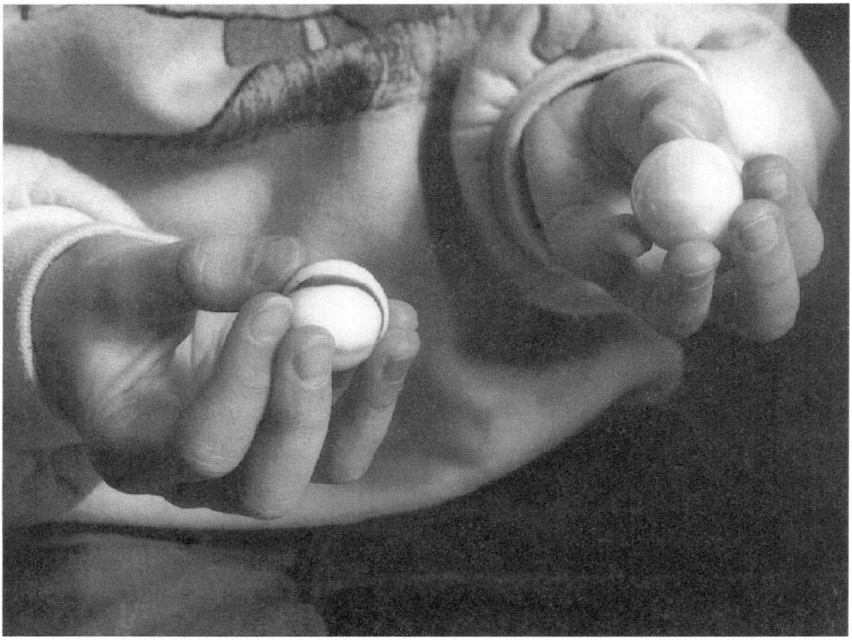

Murmel läuft zwischen den Fingern

Thema:	**Murmel läuft zwischen den Fingern**
Material:	Größere Murmel
Beschreibung:	Größere Murmel mit Oppositionsbewegung über alle Fingerspitzen rollen.

Stift-Lauf

Thema:	**Stift-Lauf**
Material:	Ein Stift
Beschreibung:	Den Stift auf den Tisch legen, die flache Hand daneben; mit dem Daumen beginnend laufen die Finger einzeln über den Stift.
Variation:	Den Stift an einem Ende in die Fingerspitzen nehmen und mit den Fingern zum anderen Ende laufen.
Variation:	Den Stift in der Mitte mit den Fingern halten und wie einen Propeller zwischen den Fingern drehen.

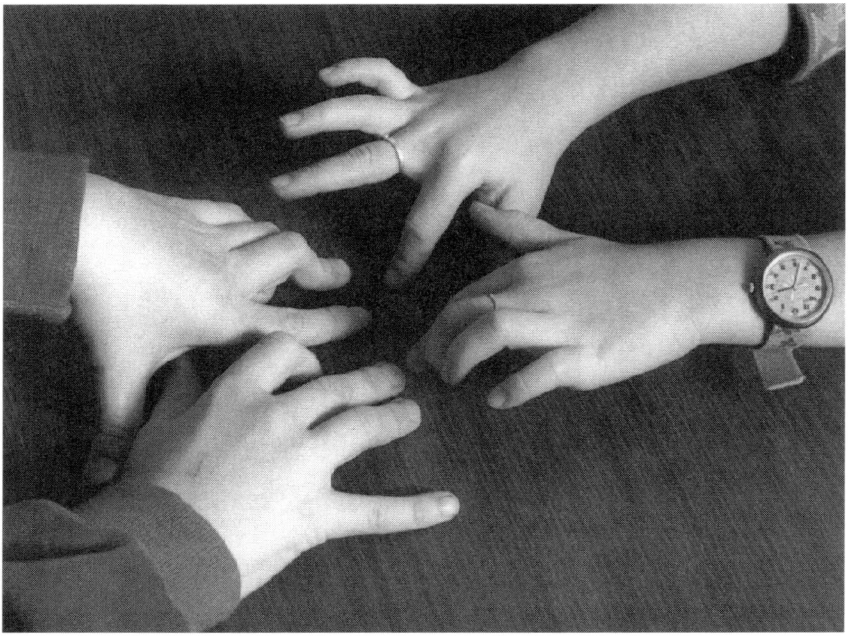

Finger besuchen sich gegenseitig

Thema:	**Finger besuchen sich gegenseitig**
Material:	keines
Beschreibung:	Finger laufen über den Tisch und besuchen die Finger des Partners, zur Begrüßung streicheln sich die einzelnen Finger.

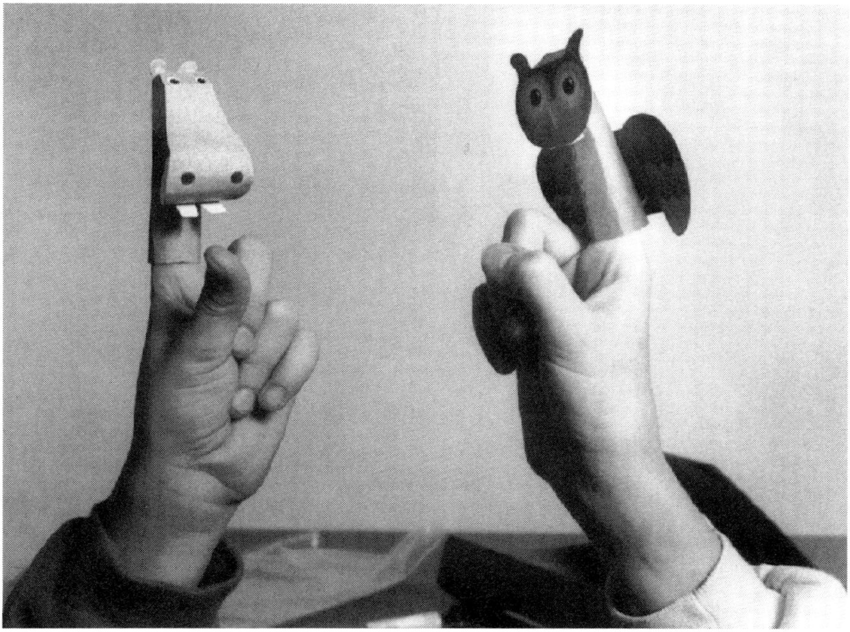

Fingertheater

Thema:	**Fingertheater**
Material:	Fingerpuppen (Ravensburger Spiele)
Beschreibung:	Kurze Szenen mit den Fingern spielen.
Variation:	Kurze Szenen mit Handspielpuppen spielen.
Variation:	Finger bemalen und kurze Szenen spielen.

Thema:	**Trommeln**
Material:	Trommeln
Übung:	Kraftdosierung / Rhythmus
Beschreibung:	Mit wechselnden Fingern unterschiedliche Rhythmen und Lautstärken trommeln.

Kreppkügelchenbild

Thema:	**Kreppkügelchenbild**
Material:	Kreppapier, Karton
Übung:	Zielgenauigkeit
Beschreibung:	Einfaches Motiv auf den Karton aufmalen, aus dem Kreppapier dünne Streifen schneiden; aus kurzen Stücken davon Kügelchen zwischen den Fingerspitzen formen und diese aufkleben.

Thema: **Eigenes Bilderbuch herstellen**

Material: DIN-A-4-Heft, alte Illustrierte, Zeitschriften, Schere, Kleber

Übung: Hand-Hand-Koordination

Beschreibung: Bilder aus Zeitschriften ausschneiden und im Heft als Bilderbuch aufkleben.

Eigenes Bilderbuch herstellen

Thema: **Eigenes Bilderbuch herstellen**

Material: Zeitungen

Beschreibung: Das gestellte Motiv (Haus, Baum, Tier, Mensch, Auto) aus Zeitungspapier in einem Stück reißen.

Variation: Motiv aufmalen und an der Linie entlangreißen.

Variation: Möglichst lange Schlange aus einem Papierbogen reißen.

Apfelernte

Thema: **Apfelernte**

Material: Kleine Schrauben mit Muttern, durchbohrtes, stehendes Brett mit einem Motiv (hier Apfelbaum). Weitere Motivvorschläge: lange Rohrleitung, Kostüm eines Zauberers.

Beschreibung: Die Schrauben von den Muttern lösen.

Klötzchen treffen

Thema:	**Klötzchen treffen**
Material:	Stift, Holzzylinder, Spielfiguren
Beschreibung:	Klötzchen im Kreis um den Sift herum aufstellen. Stift auf dem Tisch schwungvoll drehen, getroffene Figuren scheiden aus.

Thema: **Sandbilder**

Material: große, flache Schüssel (Pflanzenanzuchtschale oder Fotoentwicklerschale), feuchter Sand

Übung: Handgelenksbeweglichkeit

Beschreibung: Sand in der Schüssel festklopfen und auf die Oberfläche mit einem Finger ein Bild malen.

Variation: Mit Stöckchen malen.

Thema: **Tonbild**

Material: Ton und Plastikfolie oder Holzbrett

Beschreibung: Ton auf dem Tisch ausschlagen. Auf der Unterlage mit der Hand eine flache Platte schlagen (nicht größer als DIN-A-5 und 1 cm dick) Mit Tonwürsten oder kleinen Kugeln, Eiern oder Würfeln ein Landschaftsbild gestalten / mit den Fingern Rinnen (Flüsse) eindrücken oder ziehen.

4.4.1 Käufliche Spiele oder Werktechniken

– Chinesische Gesundheitskugeln (Chinaläden, Esoterikläden)
– Verschiedene Kreisel
– Mikado
– Stapelmännchen (Ravensburger Spielverlag)
– Plastikhüpffrösche
– Fingerpuppen, Handpuppen
– Packesel (Schmidt Spiele)
– Turmbau zu Babel (Ravensburger Spielverlag)
– Flo-Hüpfspiel
– Lustige Fingertiere (Ravensburger Spielverlag)
– Flechtweben
– Tonarbeiten
– Makramee
– Sticken auf vorgelochten Pappkarten und grobem Stoff
– Nähen

4.5 Zielgenauigkeit

Thema:	**Murmelkönigin fangen**
Material:	Mehrere kleine Murmeln und eine große
Übung:	Isoliere Fingerbewegungen / Handgelenksbeweglichkeit / Körperbegriff-Finger
Beschreibung:	Kinder knien nebeneinander und versuchen durch Schnipsen verschiedener Finger mit den kleinen Murmeln die große zu treffen.
Variation:	Als Übung zur Kräftigung einzelner Finger Entfernung vergrößern.
Variation:	Mit einem Stäbchen Murmeln, Knöpfe oder kleine Bälle in ein Ziel kicken (Spielidee: Fußball, Hockey).
Variation:	Rennautos spielen: leere Streichholzschachteln ein Stückchen aufziehen, eine Spielfigur hineinstellen und mit den Fingern vorwärts schnipsen.

Achtung, heiß!

Thema:	**Achtung, heiß!**
Material:	Klammern, Spielkarten, z.B. vom Spiel: „Blinde Kuh" oder Memory
Variation:	Fingerkraft
Beschreibung:	Kinder sitzen in einer Reihe oder im Kreis, jedes hält eine Klammer, die Spielkärtchen werden von Klammer zu Klammer weitergegeben.
Spielidee:	Fabrik spielen: „neu lackierte" Spielzeugteile weitergeben.

Schiebespiel

Thema:	**Schiebespiel**
Material:	Holzstäbchen oder Stift, Muggelsteine oder Holzfiguren, Papier, Kreppband
Übung:	Stifthaltung, Kraftdosierung, Fingergeschicklichkeit
Beschreibung:	Kind schiebt die Spielfigur durch aufgemalte Landschaft in verschiedene Richtungen.
Variation:	Innerhalb zweier begrenzter Linien bzw. auf aufgeklebten Straßen aus Kreppband schieben.
Spielidee:	Holzfiguren gehen zum Baden an den See, zum Bus, zum Einkaufen etc.

Fabrikneue Holzkugeln aufstecken

Thema:	**Fabrikneue Holzkugeln aufstecken**
Material:	Große Holzkugeln, Steckbrett, zwei chinesische Eßstäbchen, Schüssel
Übung:	Hand-Hand-Koordination, Stifthaltung
Beschreibung:	Mit Hilfe der Eßstäbchen die Kugeln aus der Schüssel holen und mit dem Stäbchen auf das Steckbrett aufstecken.
Variation:	Dasselbe mit Pertra-Holzkugeln und -stäben, in die oben ein kleiner Nagel eingeschlagen ist. (So können die Kugeln besser aufgenommen werden.)

Gezieltes Angeln

Thema:	**Gezieltes Angeln**
Material:	Angelruten mit Magneten, Pappmotive mit Büroklammern
Beschreibung:	Bestimmte Dinge angeln.
Variation:	Gegenstand aus einer Flasche mit weitem Hals herausangeln.

Hund spazieren führen

Thema: **Hund spazieren führen**

Material: Joghurtbecher, Tischtennisbälle, Schnur

Übung: Kraftdosierung

Beschreibung: Joghurtbecher am Boden durchbohren und eine Schnur durchziehen, mit dem Joghurtbecher den Ball fangen und durch den Raum ziehen.

Zielschnipsen

Thema:	**Zielschnipsen**
Material:	Muggelsteine, Knöpfe oder Mühlesteine, aufgemaltes oder geklebtes Ziel
Übung:	Kraftdosierung, isolierte Fingerbewegungen
Beschreibung:	Spielsteine mit wechselnden Fingern in das Tor schnipsen.
Variation:	Zur Kräftigung Entfernung vergrößern.

Thema: **Lochmuster in Goldpapiersterne stechen**

Material: Goldpapier, Styroporplatte, Nadel

Übung: Pinzettgriff

Beschreibung: Motiv (Stern, Engel oder ander Weihnachtsformen) aus der Goldfolie ausschneiden und mit der Nadel mit einem Lochmuster versehen.

4.5.1 Käufliche Spiele und Werktechniken

- Karambole
- Mikado
- Steckspiele
- Angelspiel
- Stapelmännchen (Ravensburger Spielverlag)
- Packesel (Schmidt Spiele)
- Turmbau zu Babel (Ravensburger Spielverlag)
- Balance (Ravensburger Spielverlag)
- Dart
- Malbücher
- Perlen auffädeln
- Nageln / Holz-Mosaik-Hämmerspiel
- Sticken
- Flechtweben mit Papier und Garn

4.5.2 Graphomotorische Spielideen

Thema: **Strich- oder Formenfangen**

Material: Papier und Stifte

Übung: Reaktion, Tempo

Beschreibung: Partner A malt einen Strich, der sofort von Partner B durchkreuzt werden muß; wird der Strich verfehlt, wechseln die Partner.

Variation: Partner A malt Kreis, Dreieck oder Viereck, das sofort von Partner B mit derselben Form umfahren wird. Gelingt die Form nicht oder wird sie beim Umfahren berührt, wechseln die Partner.

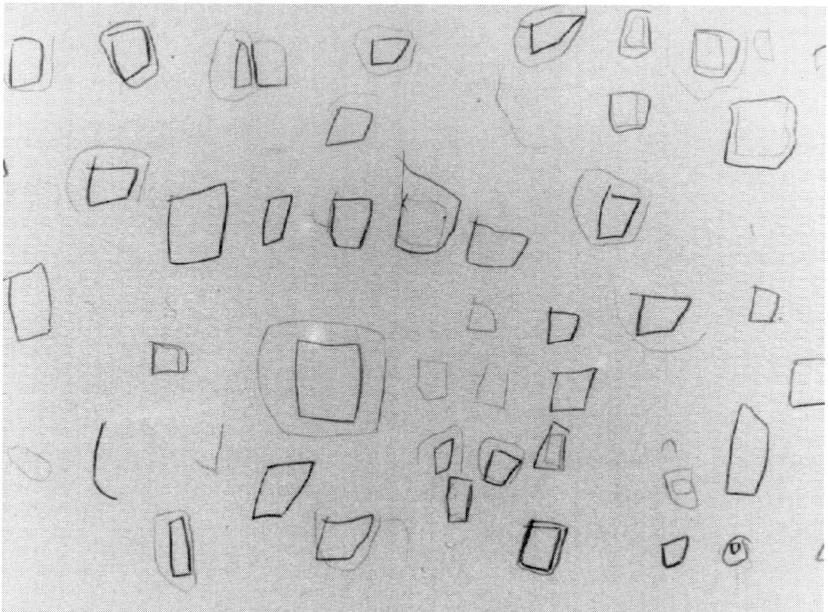

Strich- oder Formenfangen

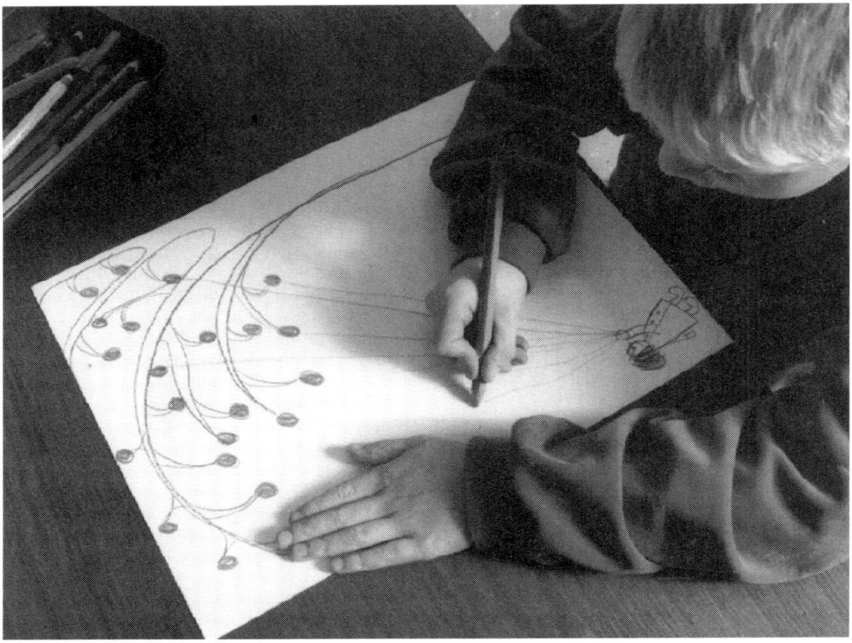

Zielspiel

Thema:	**Zielspiel**
Material:	Papier und Stifte
Beschreibung:	Großen Baum auf das Papier malen, unten ein Kind, das mit einem Stock (dem Stift) die Kastanien, Äpfel oder Kirschen treffen soll.
Spielidee:	Faschingsbonbons ins aufgemalte Fenster werfen, Schneebälle an ein Ziel werfen.

Thema: **Winterfell für Tiere malen**

Übung: Richtungswechsel

Beschreibung: Eine als Linie vorgemalte Tierkontur wiederholt bunt nachfahren, bis sie ganz dick ist.

Spielidee: Indianergesicht, Zug, Auto, Männchen

Thema: **Wintervorrat anlegen**

Beschreibung: Maus, unterirdischen Gang durch Doppellinie und Höhle aufmalen. Die Maus (Kind mit Stift) bringt ihren vielfältigen Wintervorrat in die Höhle.

Spielidee: Skifahren, Auto-Fahrradfahren, Bergwandern, durch Tunnel gehen.

4.6 Koordination beider Hände

Thema: **Obstsalat herstellen**

Material: Verschiedene Früchte, Schüssel, Brettchen, Küchenmesser

Übung: Hand- und Fingerkraft, Messergebrauch

Beschreibung: Verschiedene Früchte schälen und für einen Obstsalat zerschneiden.

Hinweise: Mithilfe beim Kochen.

Beidhändiges Malen

Thema:	**Beidhändiges Malen**
Material:	Großes Papier, zwei Stifte, unter Umständen Musik
Beschreibung:	Gleichzeitig mit beiden Händen je einen Kreis malen. Sammlung, Öffnung – je nach Malrichtung.

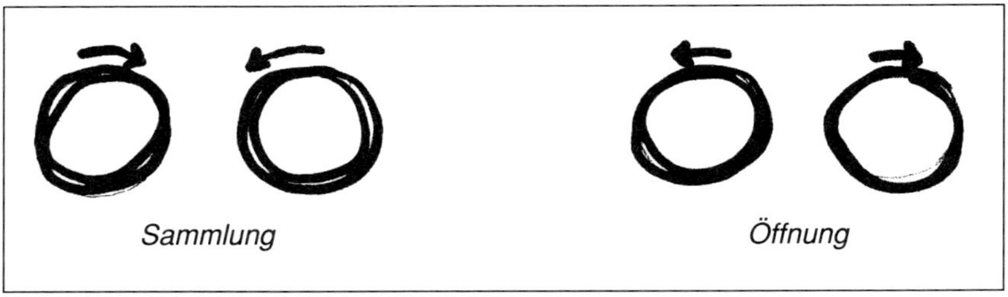

Thema:	**Pompon**
Material:	Pappe, Zirkel, Schere und Wolle
Übung:	Richtungswahrnehmung
Beschreibung:	Zwei gleichgroße Pappscheiben herstellen (∅ ca. 12 cm, Innenloch 6 cm); Wolle dicht um die beiden Pappscheiben wickeln, bis das Innenloch fast ausgefüllt ist. Zwischen den beiden Pappscheiben vorsichtig aufschneiden, dann einen stabilen Faden zwischen die Scheiben schieben und sehr gut verknoten. Die Pappe aufschneiden und entfernen.
Spielidee:	Einen zweiten Pompon herstellen und ein Tier daraus basteln.

Fadenspiele

Thema:	**Fadenspiele**
Material:	Wollfaden, ca. 1 m lang
Übung:	Fingergeschick
Beschreibung:	Verschiedene Fadenformationen greifen.

Thema: **Papierfalten**

Material: Faltpapier

Übung: Kraftdosierung, Genauigkeit

Beschreibung: Faltpapiere nach Anleitung falten.

Hinweise: Mithilfe beim Wäsche-Zusammenlegen.

Thema: **Gliederketten-Baumschmuck**

Material: Goldpapier, Kleber, Schere

Übung: Zielgenauigkeit

Beschreibung: Goldpapier in dünne Streifen schneiden, zu kleinen Ringen zusammenkleben, so daß eine lange Kette entsteht.

Autorennen

Thema:	**Autorennen**
Material:	Kleines Auto, Schnur, dicker Stab
Übung:	Fingergeschick
Beschreibung:	Das Auto mit einer ca. 1 m langen Schnur in der Mitte des Stabes festbinden; durch Aufrollen das Auto zu sich herziehen.
Spielidee:	Etwas Interessantes in das Auto laden.

Erdnußflips fischen

Thema:	**Erdnußflips fischen**
Material:	Schüssel, Erdnußflips, 2 chinesische Eßstäbchen, Würfel
Übung:	Anbahnung der richtigen Stifthaltung.
Beschreibung:	Bei einer bestimmten Punktzahl dürfen die Erdnußflips mit Hilfe der Eßstäbchen aus der Schüssel gefischt werden. Die anderen Spieler würfeln weiter, bis ein anderer Spieler die ausgemachte Punktzahl hat.

Nudelfabrik

Thema:	**Nudelfabrik**
Material:	Pertra-Spielbrett, Stecker, zwei chinesische Eßstäbchen, Gummiringe
Beschreibung:	Stecker in das Pertra-Spielbrett einstecken und mit Hilfe der Eßstäbchen Gummiringe über die Stecker spannen.
Spielidee:	Nudeln zum Trocknen aufhängen.
Spielidee:	Elektrische Leitungen zwischen den Häusern spannen.

Thema: **Kinder packen ein Überraschungspäckchen**

Material: Pappschachtel, Tesafilm, Schnur, Packpapier, als Inhalt eine Bastelarbeit oder ein selbstgemaltes Bild des Kindes

Beschreibung Das Päckchen einpacken und anschließend bemalen.

Thema: **Schokoladenessen**

Material: Eine Tafel Schokolade, Zeitungen, Schnur, Messer und Gabel, Würfel

Beschreibung: Die Schokolade in mehrere Schichten Zeitungspapier packen und zwischen jeder Schicht verschnüren. Bei einer bestimmten Punktzahl wird die Schokolade mit dem Besteck Schicht für Schicht ausgepackt und danach Stück für Stück gegessen.

Variation: Als Erschwernis Hut und Handschuhe anziehen.

4.7.1 Käufliche Spiele und Werktechniken

– Weben
– Arbeiten mit Perbo (Perzeptionsbohrmaschine)
– Ton oder Teig mit Wellholz auswellen
– einen Zopf aus Wolle oder anderem Material flechten

4.7.2 Graphomotorische Spielideen

Thema:	**Schablonenmalen**
Material:	Verschiedene Schablonen, Stift, Papier
Übung:	Stabilisierung der Händigkeit
Beschreibung:	Formen mit Schablonen auf Papier zeichnen, ausmalen und ausschneiden.
Spielidee:	Formen auf Karton aufmalen, ausschneiden und zu einem Angelspiel oder Mobile weiterverarbeiten.

Thema:	**Formen ummalen**
Material:	Verschiedene Grundformen aus Holz, Plastik oder Pappe
Beschreibung:	Formen ummalen, mit Mustern ausmalen und ausschneiden.
Spielidee:	Formen auf Karton aufmalen, ausschneiden und zu einem Angelspiel oder Mobile weiterverarbeiten.

4.7 Tasten und Fühlen

Thema:	**Bunte Hände**
Material:	Fingerfarben, Papier, Klebeband, Schürze
Übung:	Fingergeschicklichkeit
Beschreibung:	Finger für Finger mit bunten Fingerfarben bemalen und dabei benennen. Hände aneinanderreiben und anschließend Handabdrucke auf dem Papier machen.
Variation:	Mit Fingerfarbe gefärbten Kleister nehmen.

Bunte Hände

Thema: **Fingermassage**

Material: keines

Übung: Bewußtmachen der einzelnen Finger

Beschreibung: Hand des Kindes nehmen und den Handrücken ausstreichen, die einzelnen Finger mit leichten Zieh- und Drehbewegungen massieren und dabei benennen; Handteller vom Handgelenk zu den Fingergrundgelenken hin ausstreichen.

Thema: **Schatzsuche**

Material: Bohnen, Mais oder mit Getreide gefüllte Kiste, Tuch, verschiedene kleine Spielmaterialien, Holzformen

Beschreibung: Spielmaterial dem Kind zeigen und in der Kiste verstecken. Mit einem Tuch abdecken, mit beiden Händen die Spielmaterialien suchen und ohne Hinschauen benennen lassen.

Variation: Doppelgegenstand sichtbar auf dem Tisch lassen, Kind kann visuell überprüfen, was es tastet.

Thema: **Schatzsuche**

Material: Krabbelsack, mit verschiedenen Gegenständen gefüllt

Beschreibung: Kind ertastet die vorher gesehenen Gegenstände und benennt sie.

Variation: Doppelgegenstand sichtbar auf dem Tisch lassen, Kind kann visuell überprüfen, was es tastet.

Thema: **Zwei gleiche Säckchen finden**

Material: Materialsäckchen mit verschiedenem Inhalt (Linsen, Bohnen, Reis, Mais, Sand, Kies, Steine – in unterschiedlichen Größen sortiert, Korken, Holzstecker, Knöpfe, Kastanien)

Beschreibung: Säckchen mit gleichem Inhalt zuordnen.

Thema: **Formenfühlen**

Material: keines

Beschreibung: Formen auf den Rücken des Partners malen und diese erraten.

Variation: Dasselbe auf Handrücken und Handfläche.

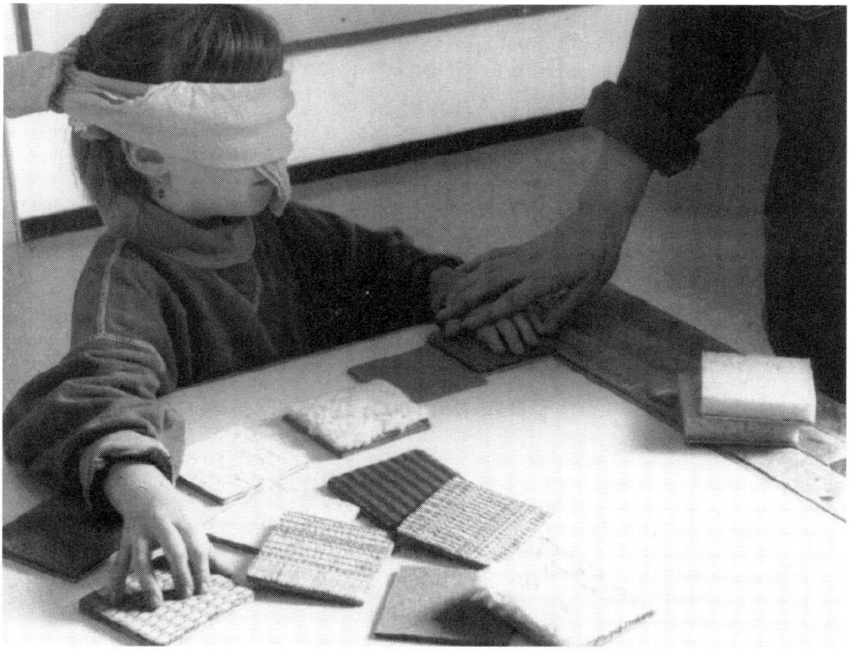

Taktilmemory

Thema: **Taktilmemory**

Material: Tuch, Taktilmemorykarten (Sperrholzplättchen, 8 x 8 cm groß, mit verschiedenen Materialien beklebt, z.B. Schleifpapiere, Stoffe, Strukturtapeten, Felle, Leder, Fußbodenbeläge)

Beschreibung: Die Paare gleicher Materialien entweder unter einem Tuch oder mit verbundenen Augen herausfinden.

4.7.1 Käufliche Spiele und Werktechniken

– Bilderbücher mit tastbaren Materialien

4.7.2 Graphomotorische Spielideen

Thema:	**Heiß-Kalt**
Material:	Tuch
Übung:	Auditive Anweisung umsetzen
Beschreibung:	Kind bekommt einen Stift in die Hand. Danach werden ihm die Augen verbunden. Spielpartner malt einen farbigen Punkt auf das Papier. Kind mit den verbundenen Augen soll nun durch die Rückmeldung („kalt = falsche Richtung, warm = richtige Richtung, heiß = ganz nah dran) versuchen, den Punkt zu treffen.
Variation:	Der Punkt soll durch direkte Richtungsanweisungen (rechts, links, vor, zurück) gefunden werden.

Heiß-Kalt

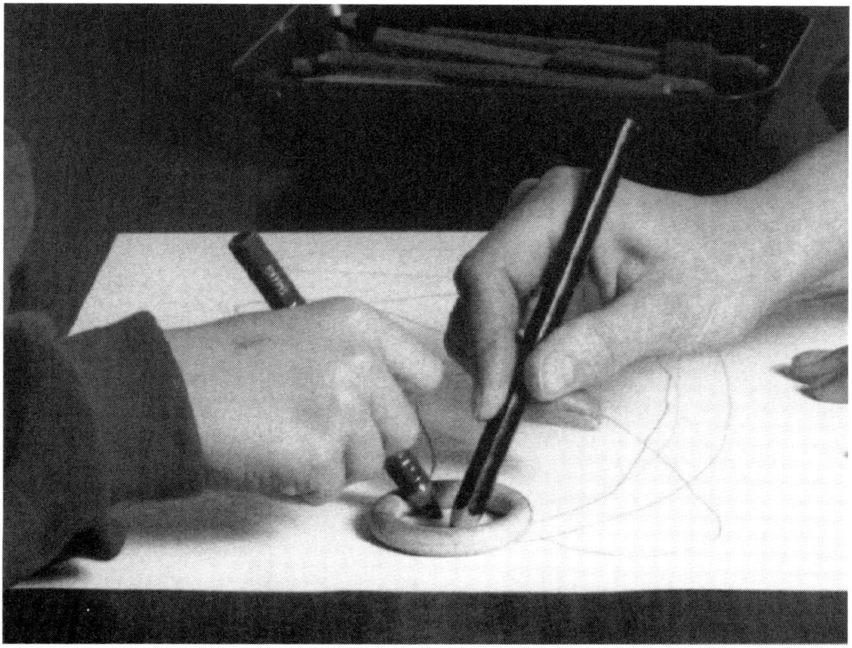

Führen und Folgen

Thema:	**Führen und Folgen**
Material:	Ring mit mindestens 5 cm Durchmesser
Übung:	Führen und Folgen
Beschreibung:	Beide Stiftspitzen in den Ring setzen. Ein Partner führt den anderen über das Papier und es entstehen Spuren und Formen.

Thema:	**Zeichenmaschine**
Material:	Karton
Übung:	Geschehen lassen
Beschreibung:	Ein Kind hält den Stift lose auf dem Karton. Der Spielpartner bewegt den Karton unter dem Stift hin und her, so daß Spuren oder erkennbare Formen entstehen.

Oma besuchen

Thema:	**Oma besuchen**
Übung:	Führen und Folgen
Beschreibung:	Jeder Spielpartner hält einen Stift. Die Handrücken werden aneinander gelegt und ein Partner führt den anderen über das Papier, so daß Spuren und Formen entstehen.

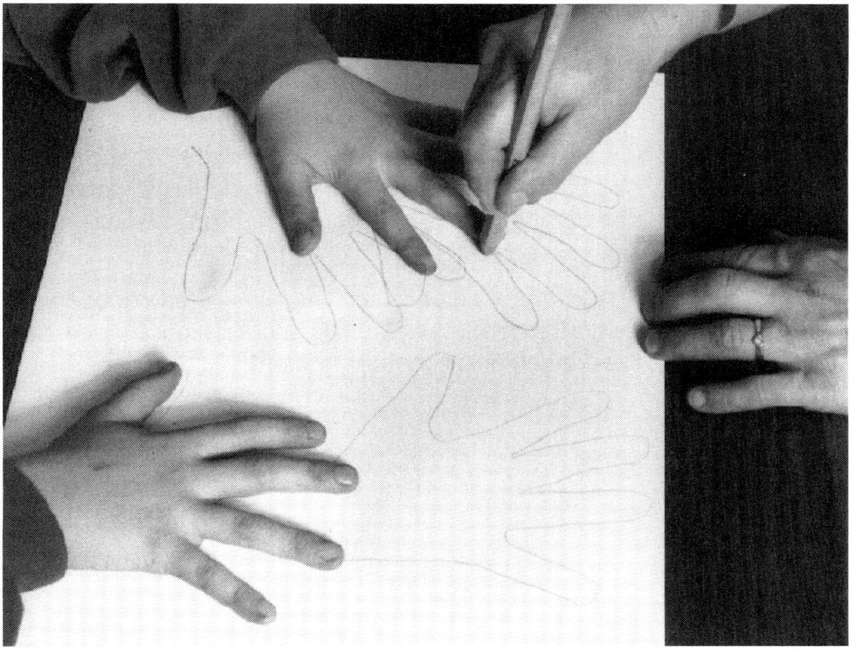

Meine Hände

Thema: **Meine Hände**

Beschreibung: Ein Kind legt seine gespreizte Hand auf das Papier und der Partner umfährt unter Benennung der einzelnen Finger die ganze Hand.

Variation Füße ummalen / Füße eines Erwachsenen ummalen und aus dem ausgeschnittenen Fußumriß „Sandalen" basteln.

Variation: Körper ummalen.

Thema: **Rubbelbilder (Frottage)**

Material: Stabiles Papier, Geldstücke, rutschfeste Unterlage

Übung: Kraftdosierung

Beschreibung: Geldstücke auf rutschfeste Unterlage legen, Papier darüberlegen und mit Tesakreppstreifen fixieren. Mit dem Stift so lang hin- und herfahren, bis das Geldstück zu erkennen ist.

Variation: Aus Karton ausgeschnittene Motive mit doppelseitigem Klebeband auf dem Tisch fixieren, Papier darüberkleben und ebenfalls frottieren.

5. Grundlagen der Graphomotorik

Die Schrift setzt sich aus verschiedenen Grundelementen zusammen, die das Kind normalerweise von selbst spielerisch beim Malen erlernt.

Kinder mit Schwierigkeiten im Bereich der Feinmotorik malen allerdings meist gar nicht oder nur ungern. Dadurch haben sie zu wenig Übung, und können beim Schreiblernprozess in der Schule mit dem Tempo nicht mithalten.

Mit diesen Kindern müssen die Grundelemente der Schrift möglichst vor dem Schuleintritt geübt werden.

5.1 Die Grundelemente der Schrift

- Striche in verschiedenen Richtungen (senkrecht, waagerecht, schräg)
- Striche mit konkretem Anfang und Ende, Vierecke: Quadrat, Rechteck, Raute, Dreieck
- Punkte
- Bögen, Kreise und Ovale
- Überkreuzungen

Aus diesen Grundelementen setzen sich alle Formen und Muster der Schrift zusammen.

Neben dem Erlernen der Grundelemente ist es wichtig, daß das Kind den Druck eines Stifts unterschiedlich dosieren kann und eine stabile Stifthaltung hat.

Eine weitere wichtige Grundlage, um Schreiben zu lernen, ist die sichere visuelle Wahrnehmung:

Augen-Handkoordination:

Sie ist die Voraussetzung, damit das Kind seine Bewegung mit den Augen kontrollieren kann.

Figur-Grundwahrnehmung:

Sie ist die Voraussetzung, um einen Buchstaben oder ein Wort im Gewirr eines Textes oder Tafelanschriebes wiederzufinden und sich nicht durch jeden Reiz ablenken zu lassen.

Formkonstanz:

Sie ist die Voraussetzung, um Buchstaben und Zahlen in verschiedenen Schrifttypen und unterschiedlichem Kontext, sowie um Formen wiederzuerkennen.

Raumlage-Wahrnehmung:

Sie ist die Voraussetzung, um b und d, p und q, an und na, 6 und 9, 23 und 32 unterscheiden zu können.

Wahrnehmung räumlicher Beziehungen:

Sie ist die Voraussetzung, um Buchstaben und Ziffern in einer mehrstelligen Zahl richtig wiedergeben zu können, vor allem bei längeren Buchstabenketten und längeren Wörtern.

Anfangs erfordert das Schreiben noch eine hohe Konzentrationsleistung. Aufgrund ständiger Übung erlangt das Kind einen flüssigen Bewegungsablauf. Durch die Automatisierung der Schreibbewegungen kann es seinen individuellen Schreibrhythmus entwickeln und das Schreibtempo steigern.

Bei den Übungen empfiehlt es sich, zur größeren Motivation die Spielideen der Jahreszeit anzupassen und sie entsprechend zu modifizieren.

Zum Beispiel werden zu Ostern Hasen oder Eier gemalt und im Winter Weihnachtsbäume und Geschenkpäckchen gestaltet. (Siehe Foto auf S. 103)

Im Sommer werden Gärten und Wellen für Badebilder gemalt, im Winter Slalomspuren der Skifahrer oder Luftschlangen zu Fasching. (Siehe Fotos auf S. 103-104)

Damit Kinder eine ausreichende Geläufigkeit und Automatisierung der graphomotorischen Bewegungsabläufe erlangen, sind häufige Wiederholungen nötig. Damit die Übungen für das Kind nicht langweilig werden, ist das „Verpacken“ in immer neue Spielideen und Geschichten hilfreich.

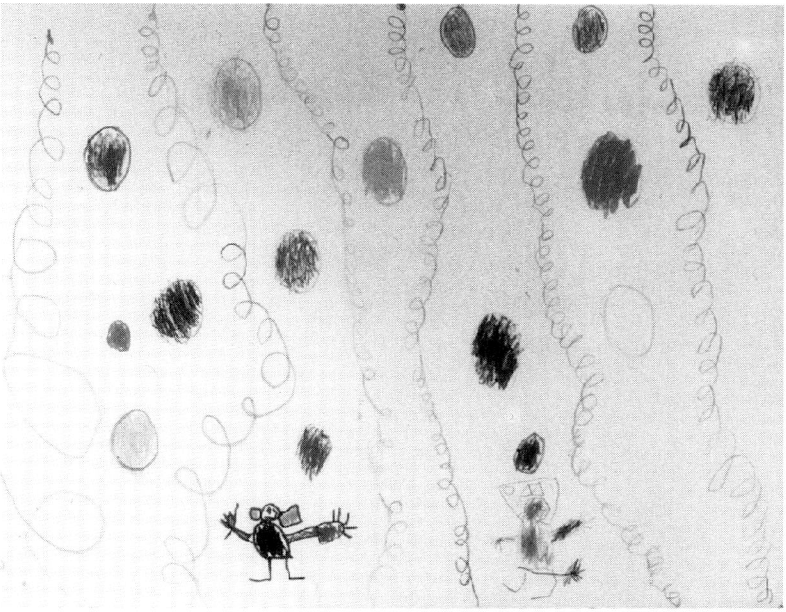

Fasching ▲

▼ Ostern

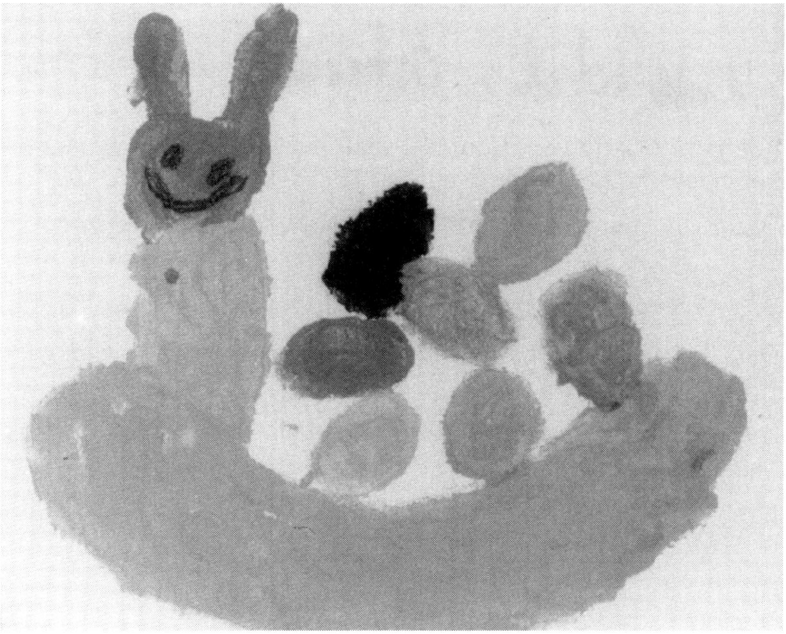

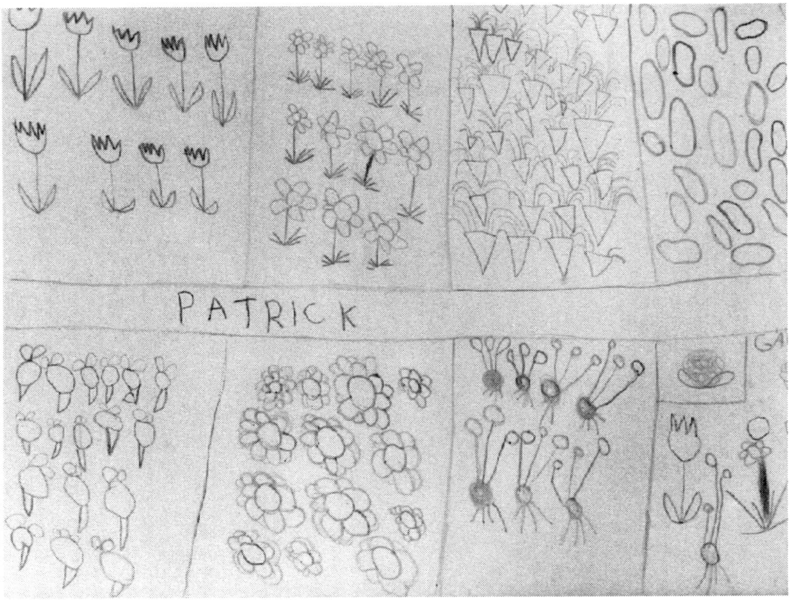

Sommer

Ein systematischer Übungsablauf bei graphomotorischen Übungen kann folgendermaßen aussehen:

1. Formen / Muster vormalen, die das Kind mit häufigen Wiederholungen nachfährt. (Siehe Foto auf S. 105)
2. Das Kind fährt Formen / Muster zwischen zwei begrenzten Linien nach.
3. Das Kind malt Formen / Muster mit Hilfe vorgegebener Zielpunkte.
4. Das Kind malt Formen / Muster in, um oder unter vorgegebene Formen / Muster.
5. Das Kind malt Formen / Muster nach. Nur der Anfang ist vorgegeben. (Siehe Foto auf S. 105)
6. Das Kind malt Formen / Muster in alle Richtungen. (Siehe Foto auf S. 106)

Formen / Muster vormalen ▲ ***▼ Formen / Muster nachzeichnen***

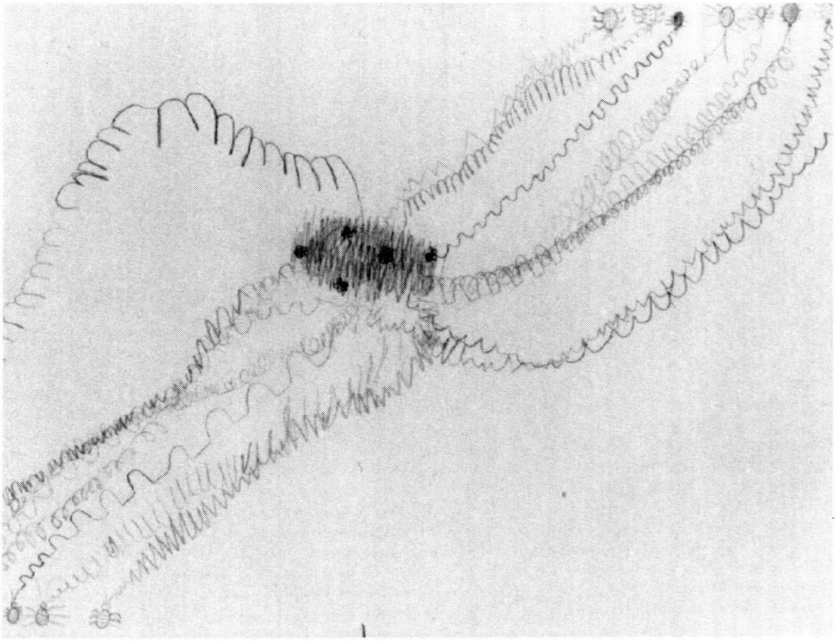

Formen und Muster in alle Richtungen gezeichnet

5.2 Grundmuster als Schwungübung

5.3 Fortlaufende Muster

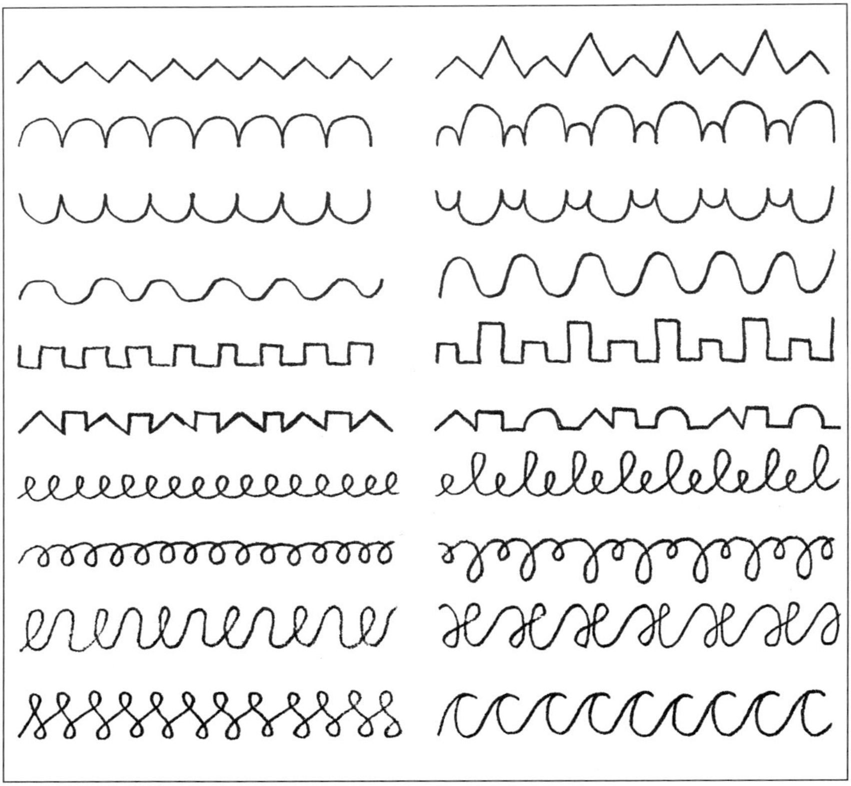

5.4 Hinweise zum linkshändigen Schreiben

Linkshändige Kinder sollten von Anfang an in der richtigen Schreibhaltung angeleitet werden und nicht erst dann, wenn sie in der Schule schreiben lernen.

Dabei ist auf Folgendes zu achten:

– Blatthaltung um ca. 30° nach rechts geneigt

- Blatt dabei links von der Mittelachse des Kindes
- Hand im Handgelenk nicht abgeknickt, sondern Hand befindet sich unterhalb der Schrift
- Licht muß von rechts einfallen

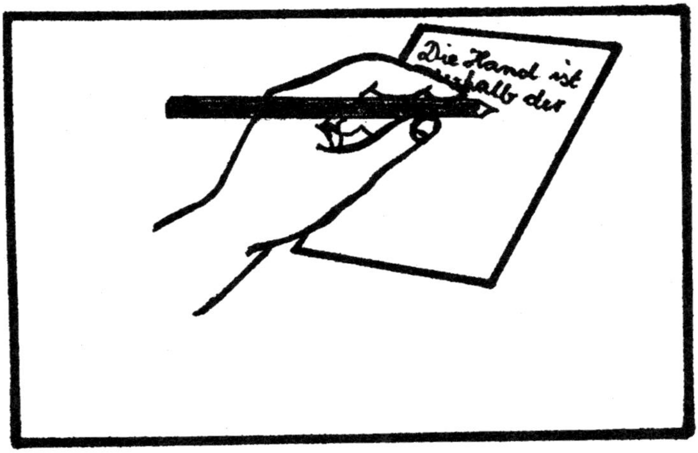

- Linkshänder sitzt links von einem Rechtshänder

6. Graphomotorische Spielideen

Striche in verschiedene Richtungen:

- Stoppspiel: Partner eins setzt den Stift an und fährt in eine bestimmte Richtung (senkrecht, waagerecht oder schräg). Partner zwei greift in das Spiel ein, indem er „stop“ ruft. Partner zwei fährt mit dem Malen fort und schlägt eine neue Richtung ein.
- Zauberstab fangen: Partner eins malt einen kurzen Strich in beliebiger Richtung. Partner zwei durchkreuzt diesen sofort, usw. Trifft Partner zwei den Strich nicht, wird gewechselt.
- Mikado: Kind malt mit wechselnden Farben Mikadostäbchen, die kreuz und quer über das Blatt verteilt sind.

Striche mit konkretem Anfang und/oder Ende, Vierecke: Quadrat, Rechteck, Raute und Dreieck:

- Igelstacheln
- Bahnschienen mit Schwellen
- Sonnenstrahlen (Kreis in der Mitte vorgeben. Am Blattrand Punkte anzeichnen, die das Kind treffen soll.)
- Striche von einem Punkt zu einem bestimmten Ziel malen
    - Kastanien fallen vom Baum in einen Korb
    - Kind hält mehrere Drachen fest
    - Luftballonverkäufer
    - duschendes Kind
    - Feuerwerkskörper fliegen zu einer Wolke
    - Kind wirft Schneebälle auf ein anderes Kind
    - Tierkäfig mit Gitterstäben versehen
    - Spinnennetz mit Spinnfäden versehen (die Diagonallinien sind vorgegeben)
- Kisten auf Lastwagen laden
- Berg voller Geschenke
- Reihenhäuser

– Zelte und Berge
– Segelschiffe auf dem Wasser
– Obst und Gemüse (Marktstand oder Gartenanlage)
– Keksbleche und Kuchenverzierung

Punkte:
– Hühner picken Körner
– Sommersprossen im Gesicht
– Salz wird auf eine Brezel gestreut
– Zuckerstreusel auf einen Kuchen
– Marienkäfer und Fliegenpilze punktieren

Bögen, Kreise und Ovale:
– Regenbogen
– Kinder schaukeln
– Hörnchen in der Bäckerei
– Gurken im Garten
– Monde am Weihnachtsbaum / Gewand eines Zauberers
– Hüpfende Frösche oder Hasen
– Brillen in Gesichtern
– Kind macht Seifenblasen
– Löcher im Käse
– Runde Pflastersteine auf Straße
– Apfelbaum / Äpfel im Korb
– Aufgestapelte Schneebälle
– Ballonverkäufer

Überkreuzungen:
– Zäune
– Antennen

- Fensterkreuze
- Berge mit Gipfelkreuzen
- Scheren

Viele der nachfolgenden Spielideen lassen sich dadurch modifizieren, daß entweder Formen, fortlaufende Muster oder beides miteinander kombiniert werden.

Fortlaufende Muster:

- Tiere, z.B. Schäfchen oder Bären mit Fell (fortlaufende Schlaufen) versehen.
- Pseudodiktat: Ein Kind malt so lange ein vorgegebenes Muster, bis ein anderes „stop“ ruft, eine bestimmte Zahl würfelt oder ein Kreisel zur Ruhe gekommen ist.
- Schlange bemustern (Schlange aus zwei Linien aufmalen und in verschiedene Abschnitte unterteilen. Jede Unterteilung mit anderem Muster versehen.)
- Vorgemaltes Krokodil / Dinosaurier in verschiedene Abschnitte unterteilen und mit Mustern versehen.
- Heimweg: Ein Schulhaus in die Mitte des Blattes malen. Von dort aus „laufen“ die Kinder mit unterschiedlichen Formen / Mustern in verschiedene Richtungen nach Hause.
- Blumentöpfe mit Stäben, an denen Pflanzen mit verschiedenen Mustern hinaufranken.
  Variation: Badesee in die Mitte des Blattes malen, zu dem die Kinder vom Blattrand in verschiedenen Formen / Mustern laufen.
- Schwimmbad / Badesee: Blatt mit Wellen vollständig bemalen, badende Kinder, Fische und Schiffe hineinmalen.
- Fliegender Heißluftballon: Vorgegebenen Ballon bemustern und unten einen Korb daranmalen, in dem Kinder sind.
- Kleid, Teppich, Pullover bemustern.
- Tierspuren: jedes Tier hinterläßt eine andere Spur.

Eine weitere Möglichkeit, die graphomotorischen Übungen interessant zu gestalten, besteht darin, sie mit Ausschneide- und Faltübungen zu kombinieren (siehe Foto auf S. 114).

- Tiere aus Illustrierten ausschneiden, auf ein Blatt kleben und die Umgebung mit verschiedenen fortlaufenden Mustern gestalten.
- Eine Hexenleiter falten, diese als Ziehharmonika aufgemalten Kindern ankleben und die Kleidung der Kinder bemustern.

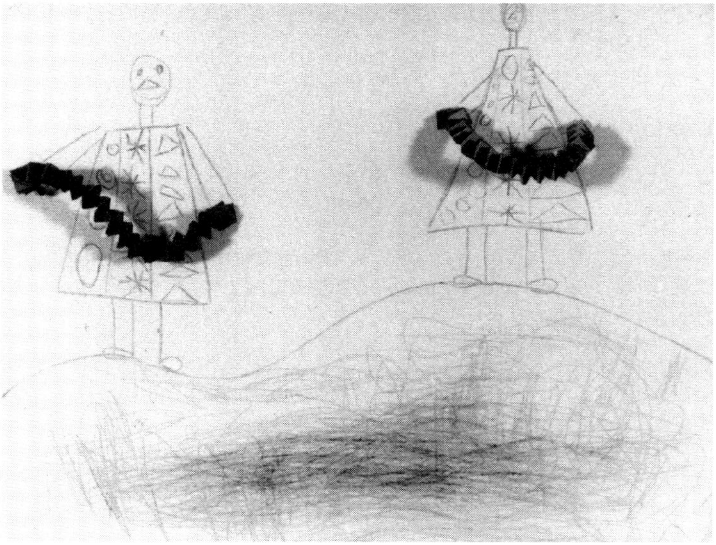

- Geldbeutel aus Papier falten und bemalen. Papiergeld frottieren und ausschneiden.

Um fein- und graphomotorische Übungen zu kombinieren, empfiehlt sich der Aufbau eines Parcours mit einer anschaulichen Geschichte. Zum Beispiel: Warten auf den Osterhasen.

- Ostereier frottieren und ausschneiden.
- Osternest als Schwungübung ausmalen und die Ostereier als „Zuckereier" hineinkleben.
- Aus Kreppapierstücken kleine Kügelchen machen und als Zuckereier ins Nest kleben.
- „Kinder warten auf den Osterhasen" (Holzzylinder mit einer Gurkenklammer auf einen Holzsockel stellen).
- Damit sie sich nicht langweilen, weben die Kinder mit Papierstreifen einen kleinen Flechtwebteppich.

7. Bezugsquellen

Perzeptions-Bohrmaschine und Pertra-Spielsatz: Fa. Holz Hörz, Postfach 1105, 7313 Reichenbach/Fils (Württ.), Tel. 07153/51355

Schreibhilfe: Fa. Blatter und Co. Chriesbaumstraße 2, Ch-8604 Volketswil, Tel 0041/1/9451880

Tests: Beltz Testgesellschaft, Postfach 1120, 6940 Weinheim

8. Literaturliste

Literatur zur Psychomotorischen Übungsbehandlung und Sensorischen Integrationstherapie

AYRES, JEAN: Bausteine der kindlichen Entwicklung, Springer Verlag, Berlin, Heidelberg 1984.

AYRES, JEAN: Lernstörungen, Springer Verlag, Berlin, Heidelberg.

BRAND, INGELID/BREITENBACH, ERWIN/MAISEL, VERA: Integrations-Störungen. Verlag-Maria-Stern-Schule des Marienvereins, Würzburg 1988.

DOERING, WALTRAUD UND WINFRIED: Sensorische Integration. verlag modernes lernen, Dortmund 1990.

FROSTIG, MARIANNE/MÜLLER, HELMUTH: Teilleistungsstörungen – ihre Erkennung und Behandlung bei Kindern. Urban und Schwarzenberg Verlag, München, Wien, Baltimore 1981.

HERM, SABINE: Psychomotorischen Spiele: Der Senator für Familie, Jugend, Sport, Berlin. Fortbildungsinstitut für die pädagogische Praxis, Roemerbergstraße 3, 1000 Berlin 41.

KIPHARD, ERNST J.: Mototherapie Teil 1, 2. verlag modernes lernen, Dortmund 1990.

Literatur über die Normalentwicklung und Störungsbilder

DEFERSDORF, ROSWITHA: Drück' mich mal ganz fest – Geschichte und Therapie eines wahrnehmungsgestörten Kindes, Herder/Spektum, Freiburg 1992.

FLEHMING, INGE: Normale Entwicklung des Säuglings und ihre Abweichungen. Thieme Verlag, Stuttgart 1983.

HELLBRÜGGE, THEODOR/VON WIMPFFEN, J. HERMANN: Die ersten 365 Tage im Leben eines Säuglings. Knaur Verlag, München 1973.

HRSG. VERLAG selbstbestimmtes Leben, Düsseldorf, Bundesverband für spastisch Gelähmte und andere Körperbehinderte e.V.: MCD! Was tun? Düsseldorf 1992.

PAULI, SABINE/KISCH, ANDREA: Was ist los mit meinem Kind? Bewegungsauffälligkeiten bei Kindern. Ravensburger Buchverlag, Ravensburg 1992.

Literatur zur Beübung der Handgeschicklichkeit, der Händigkeit/ Linkshändigkeit und Malprogramme

AKTIONSKREIS PSYCHOMOTORIK E. V.: „Motorik“, Zeitschrift für Motopädagogik und Mototherapie, Nr. 3, September 1992 (Thema: „Händigkeit“), Kleiner Schratweg 32, 4920 Lemgo 1.

ARNDT, MARGA/SINGER, WALTRAUD: Das ist der Daumen Knuddeldick, Ravensburger Buchverlag.

BAUR, ALFRED: Die Finger tanzen. Novalis Verlag 1981.

ELFFERS, JOOST, SCHUYT, MICHAEL: Das Hexenspiel. Finger-Fadenspiele neu entdeckt. Dumont Taschenbuch, Köln 1980.

FLEMMING, IRENE: Fingerspiele. Verlag gruppenpädagogischer Literatur, Wehrheim.

GÖBEL, HORST/PANTEN, DETLEV: Lehrbrief: Diagnostik der Handgeschicklichkeit. Aktionskreis Psychomotorik, Lemgo 1986.

HEERMANN, MAGDALENE: Schreibbewegungstherapie und Schreibbewegungstest bei verhaltensgestörten, neurotischen Kindern und Jugendlichen. Ernst Reinhardt Verlag, München, Basel 1985.

KJELLSHÖG, HANNELORE: Mein ABC-Fühl-und Malbuch. Verlag Garmisch Partenkirchen.

KRANICH, ERNST MICHAEL U.A.: Formenzeichnen. Die Entwicklung des Formensinns in der Erziehung. Verlag Freies Geistesleben 1985.

MARBACHER-WIDMER, PIA: Bewegen und Malen. verlag modernes lernen, Dortmund 1991.

MEYER, ROLF W.: Linkshändig? Ein Ratgeber. Humboldt Taschenbuchverlag 1991.

NAVILLE, SUZANNE/MARBACHER, PIA: Vom Strich zur Schrift. Ideen und Anregungen zum graphomotorischen Training. verlag modernes lernen 1989.

NIEDERHÄUSER, HANS RUDOLF: Formenzeichnen. Zbindenverlag, Basel 1983.

SATTLER, J. B.: Das linkshändige Kind in der Grundschule. HRSG.: ISB-STAATSINSTITUT FÜR SCHULPÄDAGOGIK UND BILDUNGSFORSCHUNG. Erarbeitet im Auftrag des bayrischen Staatsministeriums für Unterricht, Kultus, Wissenschaft und Kunst, München 1993.

SCHILLING, F.: Spielen, Malen, Schreiben. Marburger graphpmotorische Übungen. verlag modernes lernen, Dortmund 1990.

SINGER, WALTRAUT/SCHIRMER, ERIKA: Der neue Daumen Knuddeldick. Ravensburger Buchverlag 1992.

STEINER, HERBERT: Gemeinsam Gestalten. Arbeitsbuch zur integrativen Kreativitätsförderung. borgmann publishing GmbH, Dortmund 1992.

STÖCKLIN-MEIER, SUSANNE: Sprechen und Spielen. Ravensburger Buchverlag 1990.

STÖCKLIN-MEIER, SUSANNE: Falten und Spielen. Ravensburger Buchverlag.

9. Adressen von Verbänden und Beratungsstellen

Beratungs-und Informationsstelle für Linkshänder und umgeschulte Linkshänder, Sendlingerstr, 18, 80331 München

Bundesgemeinschaft MCD, Wendelinusstr. 64, 50933 Köln

Bundesverband Legasthenie e. V., Gneisenaustr. 2, 30175 Hannover

Elterninitiative zur Förderung von Kindern mit hyperaktivem Verhaltenssyndrom e. V., Postfach 3151, 7056 Weinstadt.